FERRET - 1972

LA FRANCE ET L'ARMÉNIE

à Travers l'Art et l'Histoire

ESQUISSE

par

FRÉDÉRIC MACLER

Professeur à l'Ecole Nationale des Langues Orientales Vivantes

PARIS
IMPRIMERIE H. TURABIAN
227, Boulevard Raspail

—

1917

PUBLICATIONS DE M. FRÉDÉRIC MACLER RELATIVES A L'ARMÉNIE

L'apocalypse arménienne de Daniel, dans *Les apocalypses apocryphes de Daniel*. Paris, 1895.

Moïse de Khoren et les travaux d'Auguste Carrière. Paris, 1902 (*Revue archéologique*).

Choix de fables arméniennes attribuées à Mkhithar Goch. Paris, 1902 (*Journal asiatique*).

Nouvelles, par Marie Sevadjian, traduites de l'arménien moderne... Paris, 1903.

Histoire des trois femmes... Paris, 1903 (*Revue des traditions populaires*).

Notes de Chahan de Cirbied sur les Arméniens d'Amsterdam et de Livourne, publiées... Paris, 1904 (*Anahit*).

Histoire d'Héraclius, par l'évêque Sebèos, traduite et annotée... Paris, 1904.

Histoire de Pharmanj Asman... Paris, 1904 (*Anahit* et *Revue des traditions populaires* 1906).

Note sur quelques manuscrits arméniens avec reliure à nscription. Paris, 1905 (*Banaser*).

La littérature arménienne moderne. Raffi, Baronian. Marie Sevadjian. Paris, 1905 (*Foi et Vie*, 16 juillet).

Contes arméniens, traduits de l'arménien moderne... Paris, 1905.

Pseudo-Sebèos, traduit et annoté... Paris, 1905 (*Journal asiatique*).

Notre-Dame de Bitlis, texte arménien publié... Paris, 1906 (*Banaser*).

Mosaïque orientale... Paris, 1907.

Catalogue des manuscrits arméniens et géorgiens de la Bibliothèque nationale. Paris, 1908.

Article *Armenia* (Christian) dans Encyclopaedia of religion and ethics. Edinburgh, 1908.

Un document arménien sur l'assassinat de Mahomet par une juive. Paris, 1909 (Mélanges Hartwig Derenbourg).

Etudes sur la miniature arménienne... Paris, 1909 (en collaboration avec le P. Séraphin Abdullah).

Article *Calendar* (armenian), dans Encyclopaedia of religion and ethics. Edinburgh, 1910.

Rapport sur une mission scientifique en Arménie russe et en Arménie turque... Paris, 1910.

Histoire d'un négociant chrétien d'Edesse et de sa femme, et d'un Arménien, leur associé. Paris, 1912 (*Revue des traditions populaires*).

La chaire d'arménien à l'Ecole spéciale des langues orientales vivantes. Paris. 1912 (*Revue internationale de l'enseignement*).

Arménie et Turquie, dans *Le Siècle*, n° du 15 janvier 1913.

Arménie. Montbéliard. Wurtemberg. Paris, 1913 (*Revue chrétienne*).

Les Arméniens en Turquie. Paris, 1913 (*Revue du monde musulman*).

Notices de manuscrits arméniens vus dans quelques bibliothèques de l'Europe centrale. Paris, 1913 (*Journal asiatique*).

Miniatures arméniennes. Vies du Christ. Peintures ornementales x^e-xviie siècles. Paris, 1913.

L'Arménie vers la délivrance. Paris, 1915 (*La Revue hebdomadaire*).

L'effort arménien. Paris, 1915 (*La Revue hebdomadaire*).

L'extermination d'un peuple. Les origines du mouvement arménien, I. Paris, 1915 (*Foi et Vie*, cahier B, n° 19).

Les couvents arméniens. Paris, 1916 (*Revue de l'histoire des religions*).

L'Arménie et les tsars. Paris, 1916 (*Foi et Vie*, Cahier A, 1-16 août).

Notre-Dame de Bitlis. Paris, 1915 (*Journal asiatique*).

Arménie et Russie. Paris, 1916 (*Revue Bleue*, 14-21 octobre).

Autour de la Cilicie, Zeythoun. Paris, 1916 (*Journal asiatique*).

La musique en Arménie. Paris, 1917.

Autour de l'Arménie. Paris, 1917.

Le texte arménien de l'Evangile. Paris (sous presse).

Histoire universelle d'Etienne Asolik de Taron, 2ᵉ partie. Traduite et annotée. Paris (sous presse).

Directeur de *Petite Bibliothèque arménienne*; tomes I-VIII parus.

LA FRANCE ET L'ARMÉNIE

à Travers l'Art et l'Histoire

LA FRANCE ET L'ARMÉNIE

à Travers l'Art et l'Histoire

ESQUISSE

par

FRÉDÉRIC MACLER

Professeur à l'École Nationale des Langues Orientales Vivantes

PARIS
IMPRIMERIE H. TURABIAN
227, BOULEVARD RASPAIL

1917

« J'ai toujours aimé les Arméniens parce qu'ils sont le peuple de la bonne espérance parmi les populations actives, honnêtes et littéraires de l'Orient. »

A. DE LAMARTINE.

LA FRANCE ET L'ARMÉNIE
à Travers l'Histoire

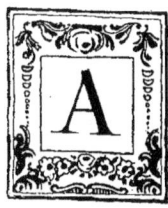

LORS que la France se nommait encore la Gaule, un Smyrniote s'en vint, à travers les mers et les pays, d'escale en escale, débarquer à Massilia (Marseille), vers l'an 175 de l'ère dite chrétienne. Saint Irénée visita la nouvelle Athènes, dont les écoles étaient très florissantes et salua au passage la patrie de Pythéas et de Pétrone. Désireux de répandre la foi, le nouvel apôtre remonta la vallée du Rhône, s'arrêta à Lugdunum (Lyon) et ne tarda pas à être nommé évêque de cette ville. Il subit, dit-on, le martyre vers l'an 202.

Pourvu d'une érudition profonde, Irénée écrivit en grec d'importants traités contre les Gnostiques et les Valentiniens. L'original de ces œuvres est presque entièrement perdu; à part quelques fragments grecs sauvés de l'oubli, on a heureusement une version latine et une version arménienne. Celle-ci à son tour était tenue pour perdue, lorsque le vardapet arménien Karapet Ter-Mekerttchian en découvrit une bonne partie dans la bibliothèque de l'église de la Mère de Dieu, à Erivan, 1904. Le texte fut publié par les soins du vardapet Erwand Ter-Minassiantz (Leipzig, 1910), et une traduction française en paraissait tout dernièrement dans les *Recherches de science religieuse*, numéro d'octobre-décembre 1916. Et voilà comment les Arméniens, toujours en quête d'idées nouvelles et de documents inconnus dans leur littérature, ont conservé un des plus précieux traités d'un des premiers Primats des Gaules.

**

Quelque cent cinquante ans plus tard, l'empereur Julien, fils de Jules Constance, et né à Constantinople en 331, faisait ses études à Athènes. Il ne tardait pas à s'y lier d'amitié avec un jeune étudiant arménien, appelé à devenir le roi des orateurs de son temps. Et dans la suite, lorsque Julien eut reçu la préfecture des Gaules et qu'il eut fixé son séjour au palais de Lutèce, il se souvint de son ancien compagnon d'études et fit venir auprès de lui Parouyr. Ce dernier l'aurait même accompagné dans l'expédition dirigée contre les Germains, qui furent battus à Argentoratum (Strasbourg), en 357. L'histoire est piquante et vaut d'être narrée avec quelque détail.

Le mekhithariste Garegin Zarbhanalian retrace en quelques pages (*Histoire de la littérature arménienne ancienne...*, Venise, 1897, p. 256-265) la vie mouvementée de Prohérésios ou Parouyr.

Au IVe siècle de notre ère, dit-il en substance, les jeunes Arméniens allaient faire leurs études à Athènes, à Rome et dans d'autres villes réputées pour leur enseignement. Un des plus célèbres parmi ces étudiants arméniens fut Parouyr, dont la vie ne nous est connue que par les sources grecques.

Jeune encore, Parouyr se rendit à Antioche où il commença par tomber dans la misère. Il s'adressa à Oulpianos qui avait fondé dans cette ville une académie d'éloquence. Admis au cours du maître, il en devint bientôt un des élèves les plus remarquables.

Puis il se rend à Athènes, où son nom commence à être connu. Il s'y lie d'amitié avec Héphestion, qui était aussi pauvre que lui. Ils possédaient à eux deux une seule tunique, un seul manteau, et quelques morceaux de tapis, usés et décolorés par le temps. Lorsque Parouyr se rendait à l'Académie, vêtu de *la* tunique et *du* manteau, Héphestion gardait le logis.

Parouyr devenait un orateur célèbre. Son éloquence ne tarda pas à faire naître les jalousies. Il fut exilé d'Athènes et retomba dans la noire misère. Athènes changea de prince et Parouyr rentra dans la ville d'où il n'aurait jamais voulu sortir, objet de l'accueil le plus chaleureux et le plus flatteur.

La réputation de Parouyr avait franchi les bornes du monde oriental et l'empereur Kostand l'appela en Gaule (i Gallia). Parouyr se rendit à l'invitation impériale et étonna par son éloquence Kostand et sa cour. Il menait une vie exemplaire, étant économe, simple et très affable. Par les hivers les plus rigoureux de la Gaule, il ne portait qu'une seule tunique, se promenait presque nu pieds, ne buvant que de l'eau froide, ne mangeant jamais d'aliments chauds.

Kostand le renvoya avec beaucoup d'honneurs à Rome, où les grands de la ville lui élevèrent une statue en bronze, portant cette inscription :

Regina rerum Roma Regi Eloquentiæ.

Telle était la récompense que les Romains d'alors accordèrent à l'orateur arménien qui avait fait de leur cité un éloge tel que Cicéron lui-même n'eût pas su faire mieux.

Parouyr revint à Athènes et il occupa la chaire d'éloquence. Il remplissait ces fonctions lorsque Julien fut nommé empereur. Celui-ci avait beaucoup d'estime pour l'orateur arménien et il aurait bien voulu, plus tard, que ce dernier écrivît l'histoire des exploits guerriers de l'empereur, et dont il avait été en partie témoin oculaire en Gaule. Parouyr, qui était chrétien, ne voulut pas déférer au désir de l'empereur païen, et il perdit, de ce chef, la chaire d'éloquence.

Agé de 90 ans, Parouyr eut pour élève un adolescent de 17 ans, Eunabios, qui écrivit plus tard la vie de son maître. C'est d'après ce document grec que Zarbhanalian traça le portrait de Parouyr, dont les présentes lignes ne sont qu'un faible résumé.

Parmi les nombreux étudiants arméniens qui fréquentent notre Université de Paris, et qui foulent l'asphalte du boulevard Saint-Michel, entre la rue du Sommerard et le boulevard Saint-Germain, il en est bien peu sans doute qui savent qu'un de leurs aînés, il y a de cela bien des siècles, vint peut-être errer dans ce coin ombreux et retiré que l'on dénomme, à tort ou à raison, les Thermes de Julien. Il n'était pas sans intérêt de le leur rappeler.

***

Avec le vi^e siècle, on se meut sur un terrain historique plus consistant.

Auguste Carrière signala en son temps (*Annuaire de l'Ecole pratique des hautes études,* section des sciences historiques..., 1898) l'importance d'un chapitre de l'*Histoire des Francs,* de Grégoire de Tours, relatant « la révolte des Persarméniens qui, en 571, firent défection à la Perse pour venir se ranger sous l'autorité romaine » (p. 15).

« Le roi de Perse veut imposer aux Arméniens le culte du feu. Après une discussion théologique... une émeute éclate qui amène le massacre des représentants du roi de Perse. Puis les révoltés vont demander l'amitié de l'empereur Justin...

« Jusqu'à la publication de l'*Histoire ecclésiastique* de Jean d'Ephèse, le chapitre IV, 40 de l'*Histoire des Francs* a été le seul document existant qui donnât aux troubles de Dovin leur véritable caractère, celui d'une émeute populaire provoquée par une question religieuse » (p. 19).

Enfin, ajoute Carrière, « l'évêque de Tours est le plus ancien témoin qui parle de ces événements. Le livre IV de son *Histoire des Francs* fut écrit vers 576 » (p. 20-21). « Une ambassade envoyée à Constantinople par Chilpéric partit en 579 et revint en 581, avec de riches présents pour ce roi. Grégoire nous raconte lui-même qu'il était à Nogent lors du retour des ambassadeurs et qu'il vit les cadeaux de l'empereur Tibère... Il profita certainement de cette rencontre pour s'informer des affaires d'Orient » (p. 22).

Il en profita sûrement pour s'informer des choses d'Arménie, qui lui tenaient tout particulièrement à cœur. C'est ainsi qu'il est un des premiers à avoir fait connaître en Occident l'histoire des quarante-huit martyrs d'Arménie.

« On dit qu'en Arménie quarante-huit Chrétiens souffrirent un jour le martyre sur ces montagnes, où le froid excessif, dû à leur prodigieuse élévation, resserre la terre et les eaux. L'auteur de la loi divine nous donne une idée de leur grande hauteur, en disant que sur leur sommet s'arrêta l'arche de Noé. Là, un persécuteur creusa en terre une grande citerne qu'il fit remplir d'eau; puis il ordonna qu'après avoir dépouillé ces hommes de leurs vêtements et leur avoir lié les mains derrière le dos (1), on les mît sur le lac solidifié par la gelée. A côté, se trouvait un bain chaud tout préparé. Alors il leur dit : « Choisissez des deux! ou périssez de froid sur « cette glace, en confessant votre Christ! ou bien, ie « reniant et sacrifiant aux dieux, allez prendre ce « bain afin que vous puissiez vivre et que vous ne « mouriez pas misérablement pour un homme qui a « été crucifié ». Comme tous refusaient de sacrifier aux démons, le gardien vit quarante-huit couronnes des plus précieuses tomber du ciel et descendre sur leurs têtes. Une pourtant remonta, car la foi de l'un d'eux avait failli. Laissant là les gardes, celui-ci courut rapidement vers le bain, immola des victimes, et, traité honorablement par le président, fut plongé dans le bain tiède. Mais le supplice du feu éternel l'attendait plus tard.

« Ce gardien dont nous avons parlé, voyant ces choses, se proclama chrétien à haute voix et dit : « Je veux mourir avec eux! » Aussitôt on lui fait souffrir divers tourments, on le dépouille de son vêtement, mais non de sa foi, et on le place sur le lac pour souffrir avec les autres, mais aussi pour gagner la couronne que ce misérable avait perdue. Les infortunés étaient déjà morts de froid, leurs dents claquaient, la voix leur manquait. Seulement, un murmure de prière s'élevait des profondeurs de leur poitrine vers le ciel, prière qui n'était entendue que par le Dieu qui sonde les cœurs. Épuisés et tremblants par l'effet de la faim aussi bien que du froid, ils ne mettaient plus leur espoir que dans le ciel; la chair était déjà morte. Le juge inique cependant, faisant écouler les eaux tièdes, ordonne de chauffer le bain sept fois davantage, afin que ceux qui avaient résisté au froid fussent réduits par les angoisses du feu. On les tire du lac, confessant toujours le Christ, on les fait passer à travers des vapeurs brûlantes. Mais ils souffrent courageusement tous les supplices afin de mériter une palme plus belle. Enfin, y laissant leurs corps et rendant leurs âmes au Christ, ils consomment en paix leur martyre. Alors le président, se voyant vaincu par leur constance et pensant pouvoir au moins triompher après leur mort de ceux qu'ils n'avaient pu dompter vivants, ordonna de brûler leurs corps et de les jeter dans le fleuve voisin. Quand cela fut fait, un nouveau miracle apparut aux chrétiens en pleurs; car les ondes, faisant résistance, n'engloutirent pas ces ossements à demi brûlés, mais les soutinrent à leur surface comme quelque chose de sacré. Aussi les chrétiens eurent-ils la joie de les recueillir, et ils les enterrèrent avec les plus grands honneurs » (1).

Si Grégoire de Tours fut un des premiers Francs à faire connaître en Occident le martyre des quarante-huit chrétiens de Sébaste (Sivas), persécutés sous le règne de Licinius (an 320), c'est qu'il avait eu la bonne fortune d'en entendre le récit de la bouche même d'un évêque arménien. Voici dans quelle circonstance.

« La seizième année du roi Childebert et la trentième du roi Gontran (2), il vint à Tours, des pays

---

(1) En 1915, les Turcs emploient le même procédé à l'égard des Arméniens, pour les précipiter dans la mer (à Trébizonde), ou dans les eaux de l'Euphrate.

(1) *Les livres des Miracles et autres opuscules*, de Georges Florent GRÉGOIRE, évêque de Tours... traduits... par H.-L. BORDIER, t. I (Paris, 1857), p. 263-267.
(2) L'an 591 J.-C.

d'outre-mer, un évêque nommé Simon. Il nous annonça la destruction de la ville d'Antioche, et affirma qu'il avait été emmené captif d'Arménie en Perse. Le roi des Perses, ayant fait irruption sur le territoire des Arméniens, avait enlevé du butin, brûlé des églises, et, comme nous l'avons dit, emmené cet évêque captif avec tout son peuple. Les Perses s'étaient efforcés aussi de mettre le feu à la basilique des quarante-huit martyrs mis à mort dans ce pays et dont nous avons parlé dans le livre des Miracles (1). A cet effet, ils avaient rempli cette basilique d'un amas de bois mêlé de poix et de graisse de porc, et y avaient appliqué des torches allumées; mais le feu ne put jamais prendre aux matériaux qu'ils avaient préparés. Frappés des merveilles de Dieu, ils se retirèrent. Un autre évêque ayant appris la captivité de celui dont nous parlons, envoya sa rançon au roi des Perses par des hommes à lui. Le roi l'ayant reçue, relâcha le captif qui, en quittant ce pays, vint dans les Gaules pour y demander quelques consolations aux âmes pieuses, et nous raconta tout ce qui précède (2). »

*
* *

Avec l'époque de Charlemagne, on aborde cette période du moyen âge où la légende côtoie de si près l'histoire. L'ambassade que le Khalife Haroun al Rachid envoya au grand empereur d'Occident, 807, exerça incontestablement une grande influence sur les esprits. Et il se peut faire que le Khalife arabe, s'adressant à un potentat chrétien ait compris des légats chrétiens parmi les membres de l'Ambassade. Les chrétiens les plus qualifiés pour faire partie de la mission étaient naturellement des Arméniens.

Le Père Alichan semble admettre (*Sisakan*, p. 456-457) l'historicité du fait. Le moine de Saint-Gall, dans ses *Gesta Karoli*, II, 8 (3), porte en effet ce passage : « At illi repetentes a principio, narraverunt ei cuncta quæ sibi in cismarinis partibus contigerunt, dicentes : *Nos Persæ vel Medi, Armeniique vel Indi, Parthi et Elamitæ, omnesque orientales multo magis vos quam dominatorem nostrum Aaron timemus.* »

On observera que le moine de Saint-Gall écrivait vers 885, d'après des récits oraux, et son témoignage pourrait être plus ou moins légendaire.

D'autre part, on ne peut s'empêcher de rapprocher cette énumération de peuples de celle donnée dans le récit de la Pentecôte (Actes des Apôtres, II, 9-11) : *Parthoi kai Mêdoi et Elameitai kai oi katoikountes tên Mesopotamian, Joudaian te kai Kappadokian, Ponton kai tên Asian, Phrugian te kai Pamphulian, Aigupton kai ta merê tês Libuês tês kata Kurênên, kai oi epidêmountes Rômaioi, Joudaioi te kai proselutoi, Krêtes kai Arabes.*

On signale en effet dans les éditions critiques du Nouveau Testament, les variantes suivantes, relatives à ce passage : *Surian*, au lieu de *Joudaian*, dans Jérôme; — *et qui inhabitabant Armeniam*, au lieu de *Joudaian te* chez Tertullien et chez Augustin; — l'addition de *kai Indoi* « et les Indiens » après *Arabes*. Cette mention de l'Arménie chez Tertullien est frappante et pourrait bien avoir influencé le Moine de Saint-Gall (1).

Elle rappelle, du reste, l'énumération des 23 pays qui échurent en partage à Darius (*Inscription de Bisoutoun*) : Perse, Elam, Babylone, Assyrie, Arabie, Egypte..., Médie, Arménie, Cappadoce, etc.

Quoi qu'il en soit, même si le passage cité n'a qu'une valeur légendaire, et si on a affaire à une énumération livresque et savante, il montre à tout le moins l'importance des Arméniens et de l'Arménie aux yeux des Occidentaux, et leur rôle important, resté encore vivant chez nos ancêtres, dans le dernier quart du IXe siècle.

Du reste, la chose ne saurait faire de doute pour

---

(1) Lib. 1 *de Gloria Confess.*, chap. 96.
(2) *Histoire ecclésiastique des Francs*, par Georges Florent GRÉGOIRE, évêque de Tours. Traduction GUADET et TARANNE, t. IV (Paris, 1841), p. 103-107, liv. X, 24.
(3) *Monumenta Germaniae scriptores*, t. II, p. 752.

(1) S'il n'a pas connu l'œuvre de Tertullien, il a peut-être eu sous les yeux un texte de la Vulgate renfermant la mention de l'Arménie. Cependant les textes généralement connus de la Vulgate portent : *Parthi et Medi, et Elamitae, et qui habitant Mesopotamiam, Judaeam, et Cappadociam, Pontum et Asiam, Phrygiam et Pamphyliam, Aegyptum et partes Libyae, quae est circa Cyrenen, et advenae Romani, Judaei quoque, et Proselyti, Cretes et Arabes.*

personne. M. Henri Omont a publié jadis un manuel de conversation arménien-latin qui remonte précisément à cette époque et auquel il a consacré les lignes suivantes : « La notice qui a été donnée dans le tome I du *Catalogue général des manuscrits des départements* du manuscrit 17 A du grand séminaire d'Autun est inexacte, toute courte qu'elle est... Ce manuscrit, copié vers la fin du IX⁰ siècle ou au commencement du X⁰, ne contient en réalité qu'une série de lettres de S. Jérôme, mais à la fin (fol. 156) s'est trouvé ajouté à la même époque un manuel de conversation arménien-latin qu'il est intéressant de reproduire (1). »

Carrière devait à son tour étudier le manuscrit d'Autun, du point de vue arménien, et essayer « de l'expliquer par une restitution en caractères arméniens des mots transcrits en caractères latins, et par quelques brefs éclaircissements (2). » Pour le savant arméniste, il ne croit pas « qu'il existe un témoignage antérieur dénotant une connaissance quelconque de l'arménien en Europe. Il faut ensuite descendre jusqu'aux premières années du XIV⁰ siècle (1322), pour trouver cette langue enseignée à la cour des papes d'Avignon par les envoyés du roi Léon V » (*op. cit.*, p. 8). Et Carrière conclut, comme M. Omont, que la composition de ce glossaire est antérieure au commencement du X⁰ siècle (p. 9) (3).

Enfin, c'est à cette époque que les Pauliciens, dont l'esprit de réforme avait fait de grands progrès, furent cruellement persécutés par la bienheureuse impératrice Théodora (1). « Très fière d'avoir restauré l'orthodoxie, elle n'eut pas moins à cœur de combattre l'hérésie ; par son ordre, les Pauliciens furent sommés d'opter entre la conversion et la mort ; et comme ils ne cédèrent point, le sang coula à flots dans les parties de l'Asie Mineure où ils étaient établis. Les inquisiteurs impériaux chargés de dompter leur résistance firent merveille : par leurs soins, plus de 100.000 personnes périrent dans les supplices » (CH. DIEHL, *Figures byzantines...*, Paris, 1906, p. 146).

Le même esprit qui avait présidé, en Arménie, à la naissance du mouvement paulicien, cette recherche de l'idée nouvelle, devait, un peu plus tard, provoquer le mouvement des Albigeois dans le Midi de la France. Là aussi, les gardiens de l'orthodoxie officielle firent preuve de la plus grande cruauté à l'endroit des dissidents qualifiés d'hérétiques. Le sang coula, l'Inquisition accomplit sa besogne coutumière et, dans la seule ville de Béziers, en 1209, on massacra plus de 60.000 Albigeois et autres habitants.

*
* *

Un des plus anciens documents arméniens qui mentionnent l'arrivée des Croisés sur la terre d'Orient est à coup sûr le mémorial du tétraévangile n⁰ 257 de la bibliothèque patriarcale d'Etchmiadzin. « Or ce saint évangile fut écrit... lorsque les Francs.. vinrent à Antioche... Ils campèrent autour de la ville et dans la plaine, au nombre de 440.000. La nation vaillante sortit et la bataille commença. Et par le secours de Dieu ils mirent en fuite l'armée des infidèles et, pendant trois jours, l'épée des Chrétiens dévorait les infidèles... Dans la même année, ils prirent la grande et illustre métropole de Jérusalem... » (F. MACLER, *Rapport...*, Paris, 1911, p. 62-63). Ce manuscrit fut écrit en l'an 548 de l'ère arménienne, 25 février 1099-24 février 1100 de Jésus-Christ.

Les historiens ont cité à l'envi les services émi-

---

(1) Cf. *Manuel de conversation arménien-latin du X⁰ siècle*, dans Bibliothèque de l'Ecole des Chartes, t. XLIII (1882), p. 563-564.

(2) A. CARRIÈRE, *Un ancien glossaire latin-arménien...* (Paris, Imprimerie Nationale), 1886, in-8⁰, p. 7-8.

(3) A cette date, se rattachent les renseignements suivants : « J'aime à vénérer, dans l'Orléanais, saint Grégoire, patron de Pithiviers, archevêque arménien du X⁰ siècle ; à Commines, saint Chryseuil, son patron, que la tradition donne pour disciple à saint Denis de Paris, et reconnaît arménien ; à Gand, saint Macaire, son patron, évêque arménien du X⁰ siècle ; à Mantoue, saint Siméon, contemporain, patron du lieu ; à Lucques, saint Davin ; à Ancône, saint Cyriaque ; à Padoue, saint Phidentien, évêque du II⁰ siècle..., tous connus comme d'origine arménienne. » (ALISHAN, *Etude de la Patrie*, Physiographie de l'Arménie... Venise, 1861, p. 30. Discours prononcé le 12 août 1861 à la distribution annuelle des prix, au collège arménien Samuel Moorat, dont le P. Alishan était le directeur, à Paris, rue Monsieur.)

(1) Mère de l'empereur Michel l'Ivrogne, fut régente de 842 à 857.

nents que les Arméniens rendirent aux Croisés. Il n'y a pas lieu d'insister. Les Arméniens, toutefois, n'eurent pas toujours à se louer des princes latins, et le P. Alichan (*Sissouan*.... Venise, 1899, p. 43-44) a relevé à juste titre la froideur que les Croisés témoignèrent à leurs nouveaux alliés lorsqu'ils se furent emparés des côtes de la Syrie. « Les Latins, fiers des succès qui leur assuraient la paix du côté du dehors, méprisèrent la valeur arménienne, et profitant de leur force supérieure, ils chassèrent les Arméniens des villes et des forteresses dans lesquelles ils commandaient, et les dépouillèrent de leurs richesses ». Malgré cette ingratitude très regrettable des Croisés, de nombreux mariages unirent les familles arméniennes et franques, et le P. Alichan pouvait écrire (*op. cit.*, p. 43, n. 2) sans crainte d'être démenti, que « toutes les reines de Jérusalem furent ou Arméniennes ou de sang arménien ».

Si les relations qui s'établirent entre les Arméniens et les Francs à l'époque des Croisades sont connues de tous, on ne sait peut-être pas l'écho du nom arménien dans nos chansons de geste. Il sera sans doute intéressant d'en donner quelques exemples.

**

La *Chanson d'Antioche,* qui contient d'utiles éléments historiques, a conservé le souvenir du rôle des Arméniens (1), dans la première croisade. Ce sont des intermédiaires et des drogmans entre les Francs et les peuples de l'Orient.

L'émir sarrasin d'Antioche fait appeler deux drogmans.

« L'un était Grec, l'autre Arménien.
« Ils savaient très bien parler
« Il les envoie aux Français... (2).

Ils fraternisent alors avec les Grecs :

« Des hommes de Bohémond et de ses conseillers sont venus dans la place pour changer des monnaies, et ils ouïrent les Grecs, donner des conseils aux Arméniens (1). »

ou avec les Syriens, témoin ce passage relatif à un incendie d'herbes (de fourrages?) :

« Quand ceux qui sont aux tentes les virent allumées,
« Ils prennent le trésor et veulent l'emporter.
« Les Syriens et les Arméniens vont se mettre devant eux,
« Ils leur prennent leur avoir, puis se mettent à les
[décoller (2).

Ils figurent parfois comme alliés et défenseurs de l'empire de Constantinople.

Dans *Doon de La Roche,* poème dont la Société des Anciens Textes Français prépare une édition, on lit (v. 1426 et suiv.) que les Sarrasins attaquent l'empereur de Constantinople :

Une guerre sordi au riche empereor,
Païen et Sarrazin, li cuvert orguillous,
Li ont tolu Lalice [ms. lice], les palais et les tors
S'en ont getés *Hermins*...

« Une guerre surgit au riche empereur, les païens et les Sarrasins, ces mécréants orgueilleux, lui ont pris Lalice (Laodicée), les palais et les tours; ils en ont chassé les Arméniens. »

Quelquefois, il est vrai, les Arméniens sont en fâcheuse posture, par suite de leurs compromissions avec des négociants plutôt douteux :

« De la montagne sortaient 400 marchands; tous sont Bougres (Bulgares), Arméniens, Grecs et Syriens, qui apportent des vivres à Port Saint-Siméon... (3). »

Mais, pour la plupart des auteurs de chansons de geste, les Arméniens sont vaguement un peuple oriental, sur lequel ils ne possèdent que des données peu précises. Ainsi :

« Rous, Bacle et Hermin seront et mat et mu (4). »

C'est-à-dire :

« Russes, Basques et Arméniens seront mats et muets. »

---

(1) Chez nos écrivains du moyen-âge, Arménie se dit Erménie ou Herménie. De ce dernier vocable est dérivé notre mot *hermine* désignant ce petit quadrupède, à fourrure très précieuse et particulièrement abondant en Arménie.
(2) *La Chanson d'Antioche,* composée au commencement du XII⁰ siècle par le pèlerin RICHARD, renouvelée sous le règne de Philippe-Auguste par GRAINDOR DE DOUAY. Publiée pour la première fois par P. PARIS (Paris, 1848), II, p. 90.

(1) *La Chanson d'Antioche,* composée au commencement du XII⁰ siècle par le pèlerin RICHARD, renouvelée sous le règne de Philippe-Auguste par GRAINDOR DE DOUAY. Publiée pour la première fois par P. PARIS (Paris, 1848), II, p. 278.
(2) *La Chanson d'Antioche,* composée au commencement du XII⁰ siècle par le pèlerin RICHARD, renouvelée sous le règne de Philippe-Auguste par GRAINDOR DE DOUAY. Publiée pour la première fois par P. PARIS (Paris, 1848), II, p. 265.
(3) *Ibidem,* I, 240.
(4) *Le Roman de Foulque de Candie,* par Herbert LEDUC, de Dammartin (Reims, 1860), in-8°, p. 102. [Collection des Poètes de Champagne, antérieurs au XVI⁰ siècle.]

Ou encore :

« Li enfes se regarde de sous son heaume enclin
« Et voit bien qu'issus ièrent Rous et Gris et Ermin (1). »

C'est-à-dire :

« L'enfant regarde sous son heaume, et voit bien que sont sortis les Russes, les Grecs et les Arméniens. »

On ne s'étonnera donc pas de voir des Arméniens figurer avec des Syriens, des Pateron et des Jenevois :

« Passé à V^c ans que sont sorti Grijois,
« Biax fiex Cornumarans, dist Corbadas li rois,
« Surien et Hermin, Pateron, Jenevois,
« Franc venroient sor nos, que tu or venir vois,
« Por vengier lor seignor, qui chaiens fu destrois,
« Et batus et loiés et ferus en la crois (2). »

C'est-à-dire :

« Beau fils Cornumarans, dit le roi Corbadas, il y a cinq cents ans que les Grecs, les Syriens, les Arméniens, les Pateron et les Jenevois sont partis. Les Francs viendraient nous attaquer pour venger leur Seigneur qui fut tourmenté ici, battu, lié et mis en croix. »

Bien plus, ils se joignent aux Danois, aux Hongrois, aux Persans, aux Bédouins, pour faire cause commune avec Witikind, le chef des Saxons :

« D'autre part sont josté avecques Guitelin
« Danois, Saisne, Lutif, Hongre, Rox et Hermin,
« La gent de Illande, Leonois, Pelerin,
« Miconet li petit des isles d'Ameguin,
« Cheneleu, Açopart, Persan, Tur, Bedoin ;
« Dou regne de Marec vindrent li Barbarin,
« Et li Amoravie et li Alixandrin,
« Li Jeant de Brousoir et cil de Valsobrin » (3).

C'est-à-dire :

« D'autre part, ont attaqué avec Witikind, les Danois, les Saxons, les Lutif, les Hongrois, les Russes et les Arméniens... »

**

Quelques trouvères cependant savent que les Arméniens ont été, en Orient, les alliés des Français :

« Puis ils ont pris des chevaliers parmi ceux de Romanie;
« Ils les emmenont à Artais (1), une cité fortifiée
« Qui était bien remplie de Grecs et d'Arméniens (2). »

Ce renseignement est confirmé par le suivant :

« [Les Croisés] laissent les Grecs et les Arméniens dans les forteresses, directement vers le pont de fer... (3). »

D'autre part, les Arméniens sont tenus en si haute estime par les trouvères qu'ils deviennent les conseillers du roi :

« Sire, fait li Hermins, moult vos voi esmaiable,
« Là outre les menront li .C.mile diable;
« Quant vos serés armés sor vo cheval d'Arable,
« Et tot vo chevalier, qui sont de vos tenable,
« Plus ierent de .C.mil, tot hardi conbatable;
« Ja ne perdrés par aus la moutance d'un sable. »
« Quant li rois entendi le consel aceptable :
« — Amis, fait-il à lui, moult as le cuer mirable ! (4).

C'est-à-dire :

« Sire, dit l'Arménien, je vous vois bien ému. 100.000 diables les mèneront ailleurs, quand vous serez armé sur vos chevaux arabes... — Ami, lui dit-il, tu as le cœur admirable. »

Parmi les princes et les roitelets arméniens, nos trouvères évoquent particulièrement la gloire de Beuvon de Tarse, ou Beuvon le Tarsien, ou Beuvez d'Ermenie. C'est ainsi que :

« Naymes l'en releva et li rois d'Ermenie,
« Bueves, li dus sens barbe et li quens de Rossie.
« Avoi ! sire, font-il, ici a vilenie.
« Por amor Dame Deu, ne vos esmaies mie;
« Mais penses que li dus ait perdue la vie,
« Et qui vos en faura, Jhesus le maleïe (5). »

C'est-à-dire :

« Naime le releva, et le roi d'Arménie, Beuve, le duc sans barbe et le comte de Russie... »

Beuvez d'Ermenie, fils de Mélinus, voyagea beaucoup, comme l'indiquent les vers suivants :

« Mais je vous laray d'iaus. 1. pau, se vous vollez,
« Se diray de Drogon qui fu en mer entrez,

---

(1) *Ibidem*, p. 111.
(2) *La Conquête de Jérusalem*, faisant suite à la *Chanson d'Antioche* composée par le pèlerin RICHARD et renouvelée par GRAINDOR DE DOUAI au XIIIe siècle, publiée par C. HIPPEAU (Paris, 1868), in-12, vers 1169.
(3) *La Chanson des Saxons*, par Jean BODEL. Publiée pour la première fois par Francisque MICHEL (Paris, 1839), t. II, p. 65.

(1) Ertesi, à une petite journée d'Antioche.
(2) *La Chanson d'Antioche...*, I, 187.
(3) *La Chanson d'Antioche...*, I, 191.
(4) *La Chanson du Chevalier au Cygne et de Godefroid de Bouillon*. Publiée par C. HIPPEAU. II, Godefroid de Bouillon (Paris, 1877), in-12, p. 129. [XIIIe siècle.]
(5) *Renaus de Montauban*, oder die Haimonskinder, altfranzösisches Gedicht, nach den Handschriften zum erstenmal herausgegeben von Dr Heinrich MICHELANT... (Stuttgart, 1862), in-8°, p. 22.

« Et Beuvez d'Ermenie ly for rois couronnez,
« A. XXX.mil vassaulz hardis et esprouvez.
« Tant alerent par mer, ce dit l'auctoritez,
« Que droit en Normandie furent tous arivez;
« Au port de Har[e]fleur sont dessendus des nez (1). »

C'est-à-dire :

« Je les laisserai un peu, si vous voulez, je parlerai de Drogon qui fut entré en mer et de Beuve d'Arménie le fort roi couronné, avec 30.000 vassaux, hardis et éprouvés; ils allèrent tant par mer, dit notre autorité, qu'ils arrivèrent droit en Normandie; ils débarquèrent au port de Harfleur. »

Ce Beuvon de Tarse était un bon chrétien, tenu en haute estime par les rois d'Occident :

« Seigneur, or escoutés, Dieu vous fache pardon.
« Par le mer vont nagant ly cristien de non,
« Et de Venisse Droguez, et de Tarse Beuvon,
« Et des Franchois oussi. XXX.mille de non,
« [Avec] lez .VI. bastart qui furent fil Huon.
« Ver Venisse s'en vont, au vent qu'ils orent bon,
« Pour véir Saramonde qui fu femme Drogon,
« Et Flore qui fu femme au Tarsien de non.
« Et puis yront à Mequez, c'est leur intention,
« Et menachent Clarvus, dirent mainte raison (2).

C'est-à-dire :

« Seigneurs, écoutez, Dieu vous fasse pardon ! Par mer naviguent les Chrétiens renommés, et Drogon de Venise et Beuvon de Tarse, et 30.000 Français, avec les 6 bâtards qui furent fils de Huon. Ils s'en vont vers Venise avec un vent favorable, pour voir Saramonde qui fut femme de Drogon, et Flore qui fut femme du Tarsien renommé; puis ils iront à la Mecque, c'est leur intention... »

Il vint en France et visita Saint-Cloud :

« Or vous diray de Drogue, le chevallier hardy,
« Et de Beuve de Tarse qu[i] esploiterent sy.
« Qu'il vinrent à Saint Clau droit par .1. venredy (3). »

C'est-à-dire :

« Je vous parlerai de Drogon, le chevalier hardi, et de Beuvon de Tarse... Ils vinrent à Saint-Cloud un vendredi... »

Ou encore :

« Illeuc trouva se gent qui là fu amassée
« [Qui] à Beuvon de Tarse estoit recommandée,
« Drogues trouva Beuvon en sa tente listée,
« Quand il fu raviseź dont y ot grant risée,
« Il l'ala acoller puis dist à la vollée :... (1). »

Ce qui signifie :

« Là, il trouva ses hommes réunis, qui étaient recommandés à Beuvon de Tarse. Drogon trouva Beuvon sous sa tente. Quand ils se furent reconnus, il y eut grande joie; il alla l'embrasser... »

De même, dans les passages suivants :

« Et quant Beuve de Tarse a le cose escoutée,
« Adont vausist il bien en verité prouvée
« Qu'il fust dedens son tref jusques à le vespree
« Se ly déuist donner .C. mars à seu allée (2). »

« Quand Beuvon de Tarse eut écouté cela, alors il eût bien voulu être sous sa tente (?) jusqu'au soir, même s'il eût dû lui donner cent marcs. »

. . . .

« Là vint Beuve de Tarse et Drogue ly sien drus,
« Que chiaus de Paris ont fièrement secorus (3). »

« Là vint Beuvon de Tarse et Drogon son ami, que ceux de Paris ont fièrement secourus. »

. . . .

« Vecy Beuve de Tarse et le vassal Drogon (4). »

C'est-à-dire :

« Voici Beuvon de Tarse et le guerrier Drogon. »

Beuvon était, au demeurant, un bon mari, à qui il déplaisait de quitter sa femme, récemment épousée :

« Beuvez ly Tarsiiens prist congiet erramment
« A Flore se moullier qui ploroit tenrement.
« Ly rois l'ot espousée assez nouvellement;
« De ce qu'il se partoit avait grant mariment (5). »

« Beuvon de Tarse prit congé de Flore sa femme qui pleurait tendrement. Le roi l'avait épousée récemment; et il avait grand chagrin de s'en séparer. »

Mais c'était avant tout un fier chevalier :

« Beuvon ly Tarsiens fierement chevaucha (6). »

---

(1) *Hugues Capet*, chanson de geste. Publiée pour la première fois d'après le manuscrit unique de Paris par M. le Marquis de LA GRANGE (Paris, 1864), in-12, p. 95-96 [fin XIII° ou début du XIV° siècle].
(2) *Hugues Capet*..., p. 236.
(3) *Hugues Capet*..., p. 109.

(1) *Ibidem*, p. 126.
(2) *Hugues Capet*..., p. 127.
(3) *Ibidem*, p. 158.
(4) *Ibidem*, p. 177.
(5) *Hugues Capet*..., p. 45.
(6) *Hugues Capet*..., p. 148.

Ou encore :

« Qui là véist Beuvon et Drogon ly courtois.
« Cescun en cez atours et ez noblez conrois
« Beuve le Tarsiiens ne se tint mie cois;
« Entre ces mains tenoit un bon branc vianois,
« Ung chevallier fery qui estoit d'Avallois (1). »

C'est-à-dire :

« C'était merveille de voir Beuvon et Drogon le courtois, chacun dans ses atours, noblement armés ! Beuvon le Tarsien ne se tint pas tranquille. Il avait entre les mains une bonne épée de Vienne... »
....

« Beuve ly Tarsiens, qui Dieux soit en aieue,
« S'enbaty celui jour en la gent malostrue (2). »

« Beuvon de Tarse (que Dieu lui vienne en aide), se jeta ce jour-là au milieu de la gent malotrue. »
....

« Grant joie ot en Venise, le cité de renon,
« Pour le mort de Clervus et se destruision.
« .VIII. jour y sejournerent en consolation,
« Et aprez ce termine le riche roy Beuvon
« Ala en sen païs et en sa region,
« S'y mena se moullier, à le clerc fachon,
« Et le gent ensement de son estrasion (3). »

Qu'il faut entendre ainsi :

« Il y eut grande joie à Venise, la ville renommée, à cause de la mort de Clervus et de sa destruction. Ils y restèrent huit jours... et ensuite, le riche roi Beuvon s'en alla en son pays et en sa région, il y amena sa femme, à la belle figure, et ses hommes de sa nation. »

Pour la plupart de nos trouvères, le nom des Arméniens évoque seulement celui d'un peuple oriental, et les données géographiques, fournies à leur sujet, sont de la plus haute fantaisie. Il n'en est pas moins intéressant d'en relever quelques exemples :

« A Saint Gile en Provence sont venus droitement,
« en mer son équipés.............................
....
« Ils allèrent en côtoyant Arménie la grande
« et ensuite Morienne (4), où sont les Moriant
« et ils allèrent en passant le long de l'Ile de Rohès... (5). »
....(6).»

(1) *Hugues Capet...*, p. 151.
(2) *Hugues Capet...*, p. 160.
(3) *Ibidem*, p. 241.
(4) Mauritaine.
(5) Ile en Orient.
(6) *Ganfrey*. Chanson de geste publiée pour la première fois

Ou encore :

« En grande joie chevauchent nos bons pèlerins,
« A travers la grande terre que tiennent les Sarrasins.
« Ils traversent l'Arménie, où demeurent les Arméniens,
« les Syriens, les Pateron (1) qui sont aclins aux Turcs.
« Ils continuent leur chemin dans tout le val de Bacaire.
« Il dura quinze jours sans qu'ils en trouvassent la fin;
« Ils y trouvèrent abondance de pain, de chair, de vin,
« De dates, de figues et de fruits de jardin.
« Ils entrent en Eberie (2) par devant Balaquin
« .... (3). »

Enfin, quelques trouvères, et ils sont assez nombreux, vont jusqu'à faire des Arméniens un peuple sarrasin, acoquiné aux Turcs, aux Açopaz, à d'autres encore.

Aussi Charlemagne n'hésite-t-il pas à les combattre, au même titre que les Açopaz et les autres mécréants :

« Charlemagne envoya en Espagne Aymeri...
« ....
« Il a bien dévasté le royaume des Sarrasins,
« Démoli dix cités et conquis quinze châteaux.
« Il en emmène beaucoup de captifs et de captives,
« Des Turcs, des Turcopoles, des Açopaz (4) et des
                                    [Arméniens (5).»

Ces Arméniens-là sont en bien mauvaise compagnie; ce sont de véritables païens :

« Les gloutons de mécréants se mirent à fuir,
« Les Esclavons (6), les Arméniens (Hermins), les
                        [Turcopoles (7), et les Nubiens (8). »

Ils sont même apparentés aux Cananéens et aux Géants :

« Gautier répond : Vous n'en verrez pas un vivant,
« Je les ai laissés dans ce champ funeste.

d'après le manuscrit unique de Montpellier, par F. Guessard et P. Chabaille (Paris, 1859), in 16, p. 185 [XIV° siècle ?]
(1) Peuple sarrasin.
(2) Cf. *Romania*, XXVII, p. 287.
(3) *La Chanson du Chevalier au Cygne et de Godefroid de Bouillon*. Publiée par C. Hippeau. II, Godefroid de Bouillon (Paris, 1877), in-12. Appendice : Episode des *Chétifs*, p. 270.
(4) Peuple païen, peut-être les Ethiopiens [*Romania*, VII, p. 437-440].
(5) *La mort Aymeri de Narbonne*. Chanson de geste publiée d'après les manuscrits de Londres et de Paris, par J. Couraye du Parc (Paris, 1884), in-8°, 1739 [fin XII° siècle].
(6) Les Slaves, confondus avec les Sarrasins.
(7) Peuple sarrasin. Originairement, ce mot désignait les fils issus d'un père turc et d'une mère chrétienne.
(8) Mainet. *Fragments d'une chanson de geste du XII° siècle* (publiés par G. Paris, dans la *Romania*, IV (1875), p. 305-337).

« Nous y avons trouvé tant de Sarrasins,
« des Turcs, des Arméniens, des Canclius (1) et des
[Jaianz (2).
« .... (3). »

Aussi les rois sarrasins prennent-ils des conseillers arméniens et suivent-ils leurs conseils :

« Cornumarans (4) respont : « Par mon Deu Tervagant !
« Miex aim-jo à morir sor mon droit deffendant
« Qu'en lor merchi me meche à loi de recréant !
« — Sire, dist li Hermins (5), vos alés folemant;
« Tote vostre defense ne vos valt mie 1 gant (6).

C'est-à-dire :

« Cornumarans répond : Par mon Dieu Tervagant ! j'aime mieux mourir en défendant mon bon droit, que de me mettre en leur merci comme un lâche ! — Sire, dit l'Arménien, vous prenez une folle résolution; toute votre défense ne vaut un gant. »

Dans le nombre, il en est même qui sont émirs, c'est-à-dire princes musulmans :

« Fiert Orcanas, un amirant d'Ermine;
« L'escu li perche, ki estoit pains a mine,
« La brogne fause, ki ert toute enterine;
« El cors li met l'enseigne bel voisine,
« Ke plus d'une aune l'en pase par l'eskine
« Mort l'abati ens enmi la gaudine.
« Puis li a dit : « Tien, or a bone estrine !
« Tu m'as doné triue de ta haïne (7). »

C'est-à-dire :

« Il frappe Orcanas, un émir (amiral) d'Arménie, lui perce l'écu qui est peint avec du minium, et lui perce le haubert...; lui met au corps le fanion de sorte que le bout de la lance lui passa de l'autre côté de l'échine, de la longueur d'une aune... »

Dans ces diverses chansons de geste, où l'on retrouve l'écho d'événements peut-être contemporains, l'imagination des trouvères s'est donné libre carrière. Pour les uns, les Arméniens sont de bons chrétiens, par conséquent de très braves gens; pour d'autres, ces mêmes Arméniens sont de vilains

---

(1) Cananéens, peuple païen (*Romania*, VII, p. 435-444).
(2) Peuple païen (les Géants).
(3) *La Chanson de Roland...*, éd. Gautier... (Tours, A. Mame et fils), 1872, p. 119 [fin XIe siècle].
(4) Roi Sarrasin de Jérusalem.
(5) L'Arménien.
(6) *La Chanson du Chevalier au Cygne et de Godefroid de Bouillon*, publiée par C. HIPPEAU, II, Godefroid de Bouillon (Paris, 1877), in-12, p. 105.
(7) *Anséis von Karthago*, herausgegeben von Johann ALTON (Tübingen, 1892), vers 7390 et suiv. [XIIIe siècle].

---

mécréants; ils sont les conseillers du roi Cornumarans; ils jurent par le Dieu Tervagant (1). Mais, alors, le poète pouvait parler de « l'Arménie où demeurent les Arméniens ». Il n'en pourrait, hélas ! dire autant de nos jours.

**
* **

Au temps déjà lointain où Pétrarque, « désarmé par les coups de l'Amour », essayait, mais en vain, de chanter la beauté de sa Dame, au temps où le délicat poète célébrait les beaux yeux, les grâces, la démarche, la voix de Laure vivante, en ce temps-là, l'antique cité d'Avignon était la résidence des papes et le centre d'une civilisation très intense.

Les relations étaient presque journalières entre les pontifes français et la cour arménienne de Cilicie. « On sait l'importance attachée par les papes d'Avignon à la conversion de l'Asie occidentale, les missions de franciscains..., la diffusion qu'ils s'efforcèrent de donner aux langues hébraïque, chaldéenne, arabe, arménienne. Le Concile de Vienne, en 1312, avait décidé que dans toute ville où résiderait la Cour romaine, et dans les Universités de Paris, d'Oxford, de Bologne et de Salamanque, il y aurait des chaires pour les trois premières de ces langues et deux maîtres pour chaque langue. . Mais l'arménien était enseigné *apud curiam*, enseigné par des envoyés du roi d'Arménie. Les rois catholiques de ce petit pays, sentinelle détachée et guerroyante de l'orthodoxie au milieu des infidèles, entretenaient surtout depuis leur alliance avec les Lusignan, des rapports presque incessants avec les princes chrétiens de l'Europe occidentale et surtout avec le pape, leur plus ferme appui. Léon ou Livon V, qui régnait alors, parent de Haïton ou Hétoum, ce moine prémontré, auteur du livre *De Tartaris*, dédié à Clément V, avait deux représentants auprès de son successeur : l'un européen, si on en juge par son nom, l'autre peut-être indigène, le prêtre Raynier de

---

(1) Le nom de cette divinité revient très fréquemment dans nos chansons de geste. On en trouvera la liste *apud* Ernest LANGLOIS, *Table des noms propres de toute nature compris dans les chansons de geste imprimées...* (Paris, 1904), in-8°.

Constance et Alexandre Pierre, simple clerc. On leur donne, en 1322, une indemnité mensuelle de 24 florins et 12 gros tournois pour enseigner dans la curie « leurs langues »... (M. FAUCON, *La librairie des papes d'Avignon...* [1366-1420]... Paris, 1886, t. 1, p 31-32).

Le même historien rapporte (*op. cit.*, p. 32), que le pape Jean XXII cherchait à fonder des collèges latins en Arménie, et il cite (t. II, p. 29), un « liber de questionibus Armenorum, copertus de rubeo », comme figurant dans le catalogue des livres conservés dans la chambre du cerf-volant sous Clément VII (1).

La deuxième croisade de Saint Louis (1270), clôture officiellement la série de ces aventures qui mirent aux prises, deux siècles durant, l'Orient et l'Occident. Elle ne marque pas la fin des tentatives que firent certains princes d'Europe de délivrer les Chrétiens d'Orient du joug de l'Islam. Il suffit, pour s'en convaincre, de parcourir le livre de N. Jorga (*Philippe de Mézières*, 1327-1405, et la Croisade au XIVᵉ siècle [Paris, 1896]) et de relever les expéditions faites pour porter secours aux Arméniens. « Le royaume d'Arménie, seul représentant en Asie de la foi catholique, après sa prospérité passagère sous les Roupénides, allait finir par des guerres intérieures, autant que par les armes du Soudan » (N. Jorga, *op. cit*, p. 2), et son dernier roi, Léon de Lusignan, dépourvu d'énergie et incapable de remplir le rôle qui lui incombait, venait finir ses jours au château des Tournelles, pour être enterré ensuite dans la basilique des rois de France, à Saint-Denis (1393).

Jean Dardel, le confesseur et le chroniqueur du dernier roi de l'Arméno-Cilicie, était venu mourir dans sa patrie, à Etampes, le 6 décembre 1384.

Feu le P. Alichan a recueilli, dans son *Sisakan* (p. 456 b-457 b) les données que l'on a des relations des Arméniens avec la France au cours du moyen âge. On peut résumer ce passage en quelques lignes :

Après avoir mentionné l'arrivée de Simon, évêque

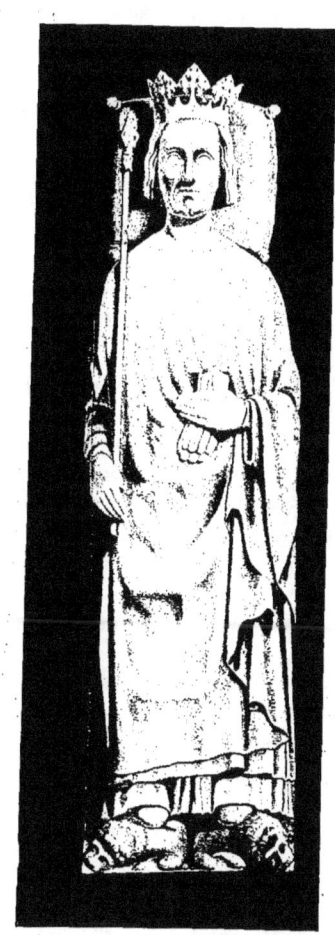

FIG. 1. — TOMBEAU DE LÉON DE LUSIGNAN, DERNIER ROI D'ARMÉNIE (1) (BASILIQUE DE SAINT-DENIS)

arménien au temps de Grégoire de Tours, et la présence probable de légats arméniens dans l'ambassade d'Haroun al-Rachid à Charlemagne, le savant mekhithariste rappelle l'époque des Croisades et les relations commerciales qui s'établirent entre la

(1) Le n° 289 des manuscrits de la Bibliothèque d'Avignon renferme un traité consacré aux Arméniens, à leur théologie, à leurs rites « De Harmenis et erroribus et ritu eorum », traité datant de la fin du XIIIᵉ siècle, attribué à Reslin de Strasbourg « fratris Reslini de Argentina »; en réalité, le compendium en question est l'œuvre du dominicain Hugues de Strasbourg, XIIIᵉ siècle.

(1) Cliché aimablement mis à notre disposition par M. K. J. Basmadjian.

Cilicie et les villes de Montpellier, Nîmes et Marseille. En 1295, un commerçant de Paris avait apporté en Cilicie des miroirs, des couteaux, des cierges. Léon IV accorde des lettres patentes et des privilèges aux commerçants de Montpellier (1321). Au XVᵉ siècle, quand Jacques Cœur institua une chambre de commerce à Bourges, il y avait, entre autres commerçants orientaux, des Arméniens (1). A l'époque de Chah Abas, les Arméniens venaient en France. La preuve en est, la lettre patente de Louis XIII et de son ministre, le cardinal de Richelieu, qui leur a été accordée, sur leur demande et celle de Chah Abas, le 28 novembre 1629, et qui les autorise à voyager entre l'Arménie et Marseille, voyage qui est déjà mentionné à la date de 1612, dans les Archives de Venise. Un Arménien, Anton, employé de Louis Fréjus, confirme les allées et venues des Arméniens. Les lettres patentes de la Provence et de la ville d'Aix (1646), confirment les mêmes faits. C'est ainsi qu'en 1639, mourut à Aix un commerçant arménien, Khodja Panos, sans laisser de testament. Ses biens furent appropriés à la Couronne, et plus tard, le 13 mai 1639, Louis XIII en fit don à un de ses fonctionnaires, Chaylan.

Le cardinal Mazarin insista beaucoup auprès de Louis XIV pour donner un essor nouveau au commerce de Marseille. A cet effet, il songea à y établir une colonie arménienne. Quand l'édit de 1660 fut promulgué, le nombre des Arméniens augmenta considérablement à Marseille, au détriment des villes italiennes de Gênes et de Livourne. Ce même édit fut renouvelé en 1703 et en 1706, en faveur de l'importation des étoffes arméniennes. Dans la deuxième moitié du XVIIᵉ siècle, au nombre des commerçants arméniens établis à Paris, on cite Aghazar, fils de Simon (1651), qui avait été envoyé par son frère Avétik, de Venise, pour recouvrer ses biens confisqués sur un navire du nom de *Societa;* Martiros, en l'an 1678, dont le père, Margar Awagchents, était un noble et riche arménien de Djoulfa,

(1) C'est probablement de cette époque que datent les graffiti arméniens de la Cathédrale de Bourges, que j'ai publiés dans ma *Mosaïque orientale* (Paris, 1907), p. 27 et suiv.

emmené par Chah Abas à Nouveau Djoulfa (près d'Ispahan). — A Marseille, de 1689 à 1690, on mentionne les commerçants arméniens suivants : Margar Martirosian, Awétis Têr Astwadzadrian, Caloust Arap, Phanos fils de Malipap, Papadjan Soulthanoum; ce dernier fut nommé, en 1691, représentant à Marseille, de Hohan Aghazar de Venise, afin de réclamer au pirate français Marên (Marin?) deux paquets dans lesquels se trouvaient près de 2.000 agates pour bagues, et plus de 3.000 paires de boucles d'oreilles de la même pierre; et 250 pièces de toile des Indes.

Dans le troisième quart du XVIIIᵉ siècle on mentionne à Marseille Astwadzatour de Galata (1749-1769), Krikor Akoulétsi (1765), Hohannès Thovmadjan qui devient prêtre plus tard (1769).

Tels sont, dans leurs grandes lignes, les renseignements fournis par le P. Alichan. Il est loisible et intéressant d'enrichir cette énumération.

**

Les relations commerciales entre la France et l'Arménie sont aussi vieilles que les voyages des premiers Arméniens en France. On n'en connaît pas le détail aujourd'hui. En attendant qu'un jour heureux fasse découvrir ces précieux documents, il faut descendre jusqu'à l'époque des Croisades pour avoir des textes précis.

Edouard Dulaurier a eu le grand mérite de publier les chartes arméniennes et françaises qui donnent, tant pour la Cilicie que pour Montpellier et la Provence, des indications précieuses sur le commerce d'alors. Il traite également du tarif des douanes, de la condition civile des étrangers dans l'Arméno-Cilicie, de l'esclavage, du cas de bris et de naufrage, du droit d'aubaine, des contestations et des procès, de l'état des personnes, etc.

Cet état de choses dura tout le moyen âge, et Richelieu ne fit que renouer la tradition lorsqu'il favorisa l'établissement d'Arméniens en France, particulièrement à Marseille, pour augmenter et développer le commerce français. L'imprimerie arménienne établie à Marseille au XVIIe siècle, en est une des meilleures preuves (F. Macler, *Mosaïque orientale*, p. 39-75).

On trouvera de très précieux renseignements sur le commerce qui s'établit entre la France et les Arméniens, dans l'*Estat de la Perse en 1660*, par le P. Raphaël du Mans..., publié par Ch. Schefer (Paris, 1890). Le P. Pacifique rapporta à Louis XIII une lettre et de riches étoffes que lui envoyait Chah Abbas; il « fit connaître aux Arméniens, encore nombreux à Ispahan, des religieux qui purent contrebalancer l'influence des Hermites de Saint-Augustin... » (p. 41 et 285).

Lorsque Chah Abbas mourut, en 1629, ses sujets arméniens connaissaient de longue date le chemin de l'Europe. « Ils venaient faire à Paris l'acquisition d'objets de luxe, et leur exemple était suivi par des marchands musulmans » (p. XLII). Lorsque les délégués de la Compagnie des Indes arrivèrent à Ispahan, 1665, l'un d'eux alla de préférence loger chez un Arménien (p. L). C'est à cette époque que se placent les fameux voyages de Tavernier qui vendit, rien qu'à Louis XIV, pour trois millions de pierreries qu'il avait recueillies un peu partout, mais surtout en Arménie (p. LXX). Enfin, on ne lira pas sans intérêt, dans ce même volume (p. 342-353), l'appendice intitulé : « Mémoire et relation d'un voyageur qui a esté en Perse et Arménie, faisant la relation de ces pays ou commerce qu'on y peut faire ainsy qu'aux Grandes Indes, Mogol, la Chine, Moscovie, Turquie. Traitté du négoce qui se peut faire en France par les Arméniens. Les sortes de marchandises que les Arméniens peuvent apporter en France du Levant. » Et ce document énumère, entre autres choses que les Arméniens peuvent apporter en France : des soies, des étoffes or et argent, du coton, des peaux de chagrin de toutes sortes de couleurs, des maroquins rouges, bleus et jaunes, des poils de chèvre, du coton non filé, des noix de Galle, etc. L'auteur de ce *Mémoire* nous apprend encore qu'en Arménie, les moines et les évêques « après la messe et l'office qui se dit de grand matin, vont travailler à la terre jusques à onze heures qu'ils viennent disner, et disent leur office jusques à deux qu'ils retournent travailler à la terre. C'est là tout leur revenu; au lieu qu'icy, c'est le peuple qui leur fait l'aumône, c'est eux qui la font aux autres de ce qu'ils peuvent épargner au bout de l'année de leurs bleds, riz, vins, etc. » (p. 345) Enfin, et pour en finir avec le règne de Louis XIV, le même *mémoire* rappelle, (p. 350-351), qu'on ne fait pas en France ce qu'il faudrait pour attirer les négociants arméniens qui s'en vont faire leur négoce en Hollande, « c'est qu'aussitost qu'ils ont vendu leur marchandise, ils touchent leur argent... ».

Le Roi-Soleil avait, du reste, été le premier potentat d'Europe qui avait goûté au café et l'on se souvient que c'est un Arménien, Pascal, qui avait établi le premier café en France, à Marseille d'abord, en 1654, à Paris ensuite. Son exemple fut suivi par son compatriote Grigor (Grégoire) d'Alep.

C'est sous le règne de Louis XV, vers 1760, que l'Arménien Jean Althen vint s'établir à Avignon, et introduisit dans le comtat Venaissin la culture de la garance (1).

Auparavant, en 1745, un procès amusant avait été intenté en l'hôtel de Louis-Pierre Blanchard, conseiller du roi, par le Chaldéen Chammas, marchand de bijoux dans le Palais Royal, contre le « nommé Aved Diodet, marchand arménien demeurant ordinairement à Constantinople et de présent logé en cette dite ville de Paris... vis-à-vis le cadran Saint-Honoré... » lequel Diodet, ou plutôt le fils dudit Diodet secoua si fortement une caisse de pipes d'écume, qu'elles se brisèrent, puis il secoua si violemment ledit Chammas qu'il « ressent de grandes douleurs par tout le col auquel du costé droit et du costé gauche nous avons à sa réquisition remarqué deux noirceurs comme contusions et pressions, ayant été à ce qu'il nous a dit, si violemment serré, que depuis ce temps, il crache le sang... ». Je publierai prochainement cet intéressant document.

---

(1) Voir les articles que M. Lacroix Hunkiarbéyendi a consacrés à Jean Althen et à la culture de la garance, dans *L'Arménie*, numéros du 1er juillet 1902, 1er septembre 1902, 1er octobre 1902. Ce dernier article publie la statue de Jean Althen, à Avignon.

On note, sous le règne de Louis XVI, à la date de 1778, la *Requête* de Owanès Oglou Kivork et Carabet frères, qui supplient le roi de France de les prendre en pitié et de les aider à recouvrer leur fortune, ainsi qu'à leur permettre de continuer leur commerce si fructueux de fils de chèvre (F. Macler, *Mosaïque orientale*, p. 77-81).

Avec le XIXe siècle, les points de contact entre la France et les Arméniens sont si fréquents, au point de vue commercial, qu'on ne saurait les énumérer. On citera à titre de curiosité, que Marseille possède une rue Arměny, et qu'une colonie arménienne commerciale y est très florissante. La Compagnie de navigation Paquet se nomme Compagnie Arméno-Marocaine et l'un de ses bateaux a nom « Arménie ». D'importants capitaux arméniens sont engagés dans cette société.

Qui ne connaît, à Paris, le « papier d'Arménie », lequel n'a, à vrai dire, d'arménien que le nom? Et l'on sait qu'un bureau de tabac de la rue du Hâvre porte l'enseigne « à l'Arménien », avec, comme emblême, un majestueux Arménien fumant le chibouk.

Chacune de nos expositions universelles compta des exposants arméniens. En 1867, le commissaire de la section ottomane était l'Arménien Hohannès Tuysuzian, ancien élève de notre école de Grignon. En 1900, M. Minas Tchéraz consacra, dans son journal « l'Arménie », de nombreux articles aux exposants arméniens. Depuis lors, la colonie arménienne de Paris s'est agrandie; elle compte, en nombre respectable, des artisans de tout genre, des artistes, des littérateurs, des médecins, des pharmaciens, des dentistes, des ingénieurs, des architectes, des étudiants. Elle a eu et elle a encore, à l'instar de l'imprimerie de Marseille, des imprimeries parmi lesquelles on cite celles de Doghramadjian, de Nercessian, de Banasêr, d'Anahit, de Turabian. Djanik Aramian, originaire d'Ismidt (Nicomédie), avait été le premier typographe arménien établi à Paris. Il fit profiter son atelier des progrès de la typographie française et, dans la suite, il transporta ses presses à Constantinople où il améliora les caractères typographiques arméniens de la capitale ottomane.

**

On écrirait un volume, à vouloir exposer par le détail, les relations d'ordre intellectuel, politique et religieux qui rapprochèrent ou éloignèrent Arméniens et Français au cours des âges. Tel ne saurait être notre propos. Ici, comme ailleurs, il faut savoir se borner et indiquer à grands traits les principaux points de contact.

Le premier livre arménien imprimé le fut à Venise, en 1512. Un exemplaire entra immédiatement à la bibliothèque du Roy, où il fut revêtu d'une belle reliure aux armes de Henri II (1552) (1). C'est à la même époque, en 1538, que le fameux Guillaume Postel publia une grammaire de douze langues orientales, et dans laquelle on voit apparaître, pour la première fois à ma connaissance, des caractères arméniens fondus en France (F. Macler, *Autour de l'Arménie*, Paris, 1917, p. 10 et suiv.). Et dans la suite, on mentionne comme arménisants français : le P. Villotte, Richard Simon, Veyssière La Croze, l'abbé Villefroy, l'abbé Lourdet, l'abbé Garnier, Etienne Quatremère, etc.

L'érudition n'est pas seule à connaître l'Arménie. La littérature puise largement dans ce vaste domaine. Pierre Corneille avait déjà donné trois chefs-d'œuvre lorsque, entendant probablement parler de l'Arménie dans son entourage, l'idée lui vint de consulter le martyrologe arménien, pour y découvrir un thème à tragédie. Le martyre de *Polyeucte* convenait parfaitement et un nouveau chef-d'œuvre français, dont le sujet était inspiré par l'Arménie, voyait le jour en 1643.

La comédie ne devait pas rester en retard sur la tragédie et, en 1653, Scarron donnait son chef-d'œuvre comique, *Don Japhet d'Arménie*, comédie en cinq actes et en vers, dédiée au roi. Cette pièce, qui resta plus de cent soixante ans au répertoire, fut

---

(1) Voir, à la Bibliothèque nationale de Paris, les volumes cotés Réserve Ya 121 et pV 105.

représentée en 1721 devant le roi et devant l'ambassadeur de la Sublime Porte, Méhémet-Ali, qui y prit, dit la chronique, un vif plaisir. Don Japhet est un de ces fous ou bouffons qui vivent en divertissant les grands et les rois de la terre; il signe *d'Arménie*, parce qu'il descend en ligne droite de Noé, dont l'arche s'arrêta en Arménie. Bien que bafoué par les grands qu'il amuse, Don Japhet se console et supporte tout, sur la promesse qu'on lui a faite qu'il épousera la fille de l'empereur du Pérou.

Molière lui-même n'ignore pas les Arméniens, et en 1653 (*L'Etourdi*, acte IV, scène 3), il recourt à leur langue pour expliquer comment *Tunis* doit se prononcer *Turin* :

TRUFALDIN
Suffit. Où l'avez-vous laissé ?

LÉLIE
En Turquie, à Turin.

TRUFALDIN
Turin ? mais cette ville
Est, je pense, en Piémont.

MASCARILLE, *à part*.
O cerveau malhabile !
A *Trufaldin*.
Vous ne l'entendez pas, il veut dire Tunis,
Et c'est en effet là qu'il laissa votre fils;
Mais les Arméniens ont tous une habitude,
Certain vice de langue à nous autres fort rude.
C'est que dans tous les mots ils changent *nis* en *rin*
Et pour dire Tunis, ils prononcent Turin.

L'intérêt que porta Louis XIV aux Arméniens est d'ordre plutôt religieux. Il s'agissait, pour ce roi très catholique, de faire rentrer dans le giron de son église des schismatiques, tels que les Arméniens. Il suffit de rappeler la publication de Renaudot sur la *Perpétuité de la foy* pour s'en convaincre aisément.

Les numéros 141 et 145 du fonds arménien des manuscrits de la Bibliothèque nationale de Paris renferment un nombre respectable de confessions de foi envoyées par des prélats orientaux, et surtout arméniens, à Louis XIV, par l'entremise d'Olier de Nointel, ambassadeur de France près la Porte ottomane.

Une certaine légende a voulu voir dans le patriarche arménien Awétiq l'homme au masque de fer. M. Funck-Brentano (*Légendes et archives de la Bastille*, 1909, p. 107, n. 1), fait justice de cette légende et indique le registre 12475 des archives de la Bastille conservé à la Bibliothèque de l'Arsenal comme contenant un certain nombre de documents relatifs à Awétiq.

En réalité, Awétiq était un prélat de l'église arménienne qui, à Constantinople, s'opposait à la propagande des Pères Jésuites. On s'empara de sa personne, et il fut mis sous les verrous à la Bastille, où il copia, entre autres occupations, les numéros actuels 28, 89, 139, 155, 156, 196, 197, 318 (I), du fonds arménien du département des manuscrits de la Bibliothèque nationale de Paris. Awétiq poussa la galanterie jusqu'à nommer sa détention à la Bastille un « saint purgatoire » (n° 156). On ne saurait être plus poli.

Le règne de Louis XV est surtout marqué, au point de vue arménien, par l'importante mission de l'abbé François Sevin, 1728-1730, à Constantinople et en Orient. Sevin et Fourmont se rendirent acquéreurs, pour le roi, de nombreux et précieux manuscrits orientaux, parmi lesquels il convient de mentionner les arméniens (1).

Ces voyages et ces acquisitions de manuscrits répandaient manifestement la connaissance de l'Arménie dans la France du XVIII° siècle (2), et je me demande si Voltaire ne s'en faisait pas l'écho, lorsqu'il intitulait un roman philosophique, *Zadig*, mot qui, en arménien, signifie *Pâques*. Je crois, du reste, me souvenir que cet écrivain parle, en quelque endroit, des vardapets, c'est-à-dire des docteurs en théologie de l'église arménienne.

La Révocation de l'Edit de Nantes commençait à faire sentir ses funestes effets, lorsque Uzbek écrivit à Mirza : « Tu sais, Mirza, que quelques ministres de Cha-Soliman avaient formé le dessein d'obliger tous les Arméniens de Perse de quitter le royaume, ou de se faire Mahométans, dans la pensée

---

(1) F. MACLER, *Catalogue des manuscrits arméniens... de la Bibliothèque nationale...* Paris, 1908, à l'Introduction.
(2) Cf. H. OMONT, *Missions archéologiques françaises en Orient. aux XVII° et XVIII° siècles...* (Paris, 1902), 4°, passim.

que notre Empire serait toujours pollué, tandis qu'il garderait dans son sein ces infidèles.

« C'était fait de la grandeur persane, si, dans cette occasion, l'aveugle dévotion avait été écoutée...

« En proscrivant les Arméniens, on pensa détruire, en un seul jour, tous les négociants et presque tous les artisans du royaume. Je suis sûr que le grand Cha-Abas aurait mieux aimé se faire couper les deux bras, que de signer un ordre pareil, et qu'en envoyant au Mogol, et aux autres rois des Indes, ses sujets les plus industrieux, il aurait cru leur donner la moitié de ses états (1). »

Forcé de fuir Paris, condamné également à Genève, Jean-Jacques Rousseau se réfugia dans la principauté de Neuchâtel, à Motiers-Travers; affublé d'un costume d'Arménien, il gagnait sa vie en faisant du lacet; entre temps, il rédigeait sa *Réponse au mandement de l'archevêque de Paris* (1764) et les *Lettres écrites de la montagne*. Il disait de son nouveau vêtement que c'est le plus majestueux du monde; on le dénommait couramment, dans son entourage, le « philosophe arménien ».

Pendant la Révolution, le bonnet phrygien qui fut si en vogue, était également nommé « bonnet arménien ». Est-ce à Rousseau qu'il faut attribuer cette vogue, ou au fait que les Phrygiens, ancêtres supposés des Arméniens, étaient apparentés aux Galates, d'origine gauloise?

* *

Roustan, le mameluk de Napoléon Ier, était né en Géorgie en 1780. Il était d'origine arménienne, selon les uns, de souche géorgienne selon d'autres. La fidélité avec laquelle il servit l'empereur, incita sans

---

(1) MONTESQUIEU, *Lettres persanes* (lettre LXXXV).

Rappelons, en passant, que Montesquieu signale l'usage des Arméniens de ne manger que du poisson (*Lettres persanes*, XLVI), alors qu'Usbek avait mangé du lapin dans un caravan-sérail. D'autre part, Usbek écrivait (*Lettres persanes*, CXXI) : « Le grand Cha-Abas, voulant ôter aux Turcs, le moyen d'entretenir de grosses armées sur les frontières, transporta presque tous les Arméniens hors de leur pays, et en envoya plus de vingt mille familles dans la province de Guilan, qui périrent presque toutes en très peu de temps ». Extrait de la lettre débutant ainsi : « L'effet ordinaire des colonies est d'affaiblir les pays d'où on les tire, sans peupler ceux où on les envoie. Il faut que les hommes restent où ils sont... »

doute ce dernier à s'intéresser aux gens du Caucase, de l'Arménie en particulier, et l'on ne s'étonnera pas que le gouvernement impérial ait créé une chaire d'Arménien à l'Ecole des langues orientales vivantes. Le premier titulaire en fut un Arménien, Chahan de Cirbied. J'ai exposé ailleurs (*Autour de l'Arménie*, p. 1 et suiv.) les débuts de l'arménisme officiel en France et l'œuvre de savants qui, sans être professeurs à l'Ecole des langues orientales, donnèrent une impulsion très grande à cette nouvelle branche de nos études orientales.

En 1804, Napoléon (1) avait demandé à Chahan de Cirbied de lui désigner un Arménien capable de remplir une mission délicate en Perse. La mission était d'autant plus dangereuse que celui qui en avait été chargé auparavant, le Français Jaubert, avait été emprisonné dès son arrivée sur les terres du Chah. Chahan désigna à Napoléon Mir Daoud (David) qui partit, muni des recommandations nécessaires. Il réussit pleinement dans son entreprise et Napoléon lui témoigna sa satisfaction en lui donnant un sabre d'honneur. Mir Daoud fut envoyé dans la suite comme ambassadeur du Chah à Paris (1806-1817).

Le prestige de la France en Orient était tel, vers 1830, que les Arméniens décidèrent de fonder à Paris un Collège où la jeunesse arménienne, et plus particulièrement celle de l'empire ottoman, viendrait se former à nos idées et à nos études, et seraient autant de pionniers de notre civilisation, une fois rentrés dans leur patrie. Les distributions de prix y revêtaient une grande solennité, et Lamartine, alors ministre des Affaires étrangères, y prit quelquefois la parole.

Le P. Alichan prononça plusieurs discours, où il invitait les jeunes Arméniens placés sous sa direction, à profiter largement de l'occasion qui leur était

---

(1) Napoléon joue un très grand rôle dans l'imagination populaire arménienne. J'en citerai ce seul exemple : « Quand Panaporte (Bonaparte) vit les villes réduites en cendres, il admira l'habileté du plan et dit à son entourage : « Je ne crois pas les paysans russes capables de concevoir un tel stratagème. J'y soupçonne le doigt de quelque vieil Arménien ». (Minas TCHÉRAZ, *L'Orient inédit...*, p. 199).

offerte de s'instruire et de s'éduquer. Il leur disait entre autres :

« Mais c'est surtout envers le Gouvernement français que l'institution *Moorat* a contracté de douces obligations, et ses élèves, fils des anciens alliés, ne cherchent ici qu'une sage et prudente alliance du vrai progrès dans les sciences utiles, sous la généreuse protection du Gouvernement, de ses ministres et des professeurs habiles auxquels nous témoignons notre vive reconnaissance » (ALISHAN, *Tableau succinct de l'histoire et de la littérature de l'Arménie*. Discours prononcé à la 26ᵉ distribution annuelle de prix du Collège Samuel Moorat. Venise [1860], p. 14).

Dans un autre discours, il prenait soin de rappeler ce que la France pouvait trouver en Arménie et il énumérait un certain nombre de produits relevant du règne minéral.

Les minéralogistes français connaissent de longue date « le *Bol d'Arménie*, cette terre roussâtre, qui fait concurrence à la terre sigillée de Lemnos, qu'elle absorbe même à présent dans son nom, et qui a son similaire tout près de nous, sur les deux rives de la Loire, à Blois et à Saumur? Quel peintre ne connaît pas la *Terre d'Arménie*, cet ocre rouge qui entre dans les préparations des peintures à fresque? Les peintres et les pharmaciens estiment la *Pierre d'Arménie*... connue dès les jours de Théophraste par sa belle couleur d'azur, qui l'a fait confondre quelquefois avec le lapis-lazuli... Les peintres romains connaissaient encore l'*Arminium*, certain minium, couleur bleu blanchâtre, qui ornait les parois de leurs villas, et dont ils payaient la livre jusqu'à six francs. Leurs fameux sculpteurs, pour polir le Gladiateur, l'Apollon du Belvédère, préféraient au naxien, le *Cotes* arménien, qui servait aussi à polir les perles et les pierres précieuses » (Léon M. D. ALISHAN, *Etude de la patrie*. Physiographie de l'Arménie... Venise, 1861, p. 9).

L'impulsion était donc donnée par les Français qui se consacraient de plus en plus aux études relatives à l'Arménie, et par les Arméniens qui venaient compléter leurs études sur les bancs de nos écoles.

Le mouvement une fois donné, il n'y avait plus qu'à le continuer.

Il le fut par les travaux et les publications de Karapet Chahnazarian, qui, en 1862, lors de l'insurrection des Arméniens du Zéithoun, présenta à Napoléon III une requête qui eut pour résultat l'intervention de la France; — il le fut ensuite par les publications des deux *Calfaïan* qui, un beau jour, se trouvèrent être des descendants presque directs des Lusignan; par les œuvres personnelles ou les traductions de Minas *Tchéraz*, de K.-J. *Basmadjian*, d'Archag *Tchobanian*, de *Mélik David bey* (Serge d'Herminy), d'autres encore, dont je m'excuse de ne pas citer les noms.

Il y eut toute une presse arménienne, publiée à Paris et à Marseille, depuis 1850 environ : *la Colombe du Massis, Arevelq* fondé en 1848 par Etienne Oskan de Smyrne qui, rentré dans sa ville natale, y fonda le journal arméno-français *la Réforme*, après avoir fait le coup de feu sur les barricades de Paris; après Arevelq (Orient), il fonda à Paris le journal *Arevmoutq* (Occident), dont le style, fin et délicat, contribua grandement à perfectionner l'arménien moderne. C'est ensuite *Haïastan Pariz, Paris-Nouvelles, Banasêr, Anahit, Est-Ouest, Hérikè Jamanak, Hamalsaran, Kharazan, Koulan Portz, Hentchak, Azat-Khosq, Haï Kianq, Haï Pariz, L'Arménie, Pro Armenia, Artzakanq Parisi, Maïréni Lézou, Véradzenound*, et enfin, à Marseille, le journal *Armenia*, fondé par M. Portoukalian.

C'est à cette époque, vers le milieu du xixᵉ siècle, que la littérature arménienne prend un nouvel essor sous l'influence des écrivains français. Le grand satirique arménien, Baronian, qui possédait Aristophane et Lucien, pratiquait surtout Molière, La Bruyère, Alphonse Karr. L'humoriste Iervant Odian se déclarait l'élève des humoristes français, et Bêchiktachlian, le grand poète lyrique de l'Arménie, avait subi incontestablement l'influence d'André Chénier, de Lamartine, de Victor Hugo. Enfin, la pléiade d'écrivains arméniens qui voulurent doter leur patrie d'un théâtre national, s'inspira avant tout de Corneille et de Voltaire.

La colonie arménienne établie à Paris devenait de plus en plus nombreuse; comme elle tendait à revêtir un caractère nettement sédentaire, il lui fallait un lieu de culte. La première chapelle arménienne se trouvait au Boulevard Montparnasse, dans une maison particulière où officiait le prêtre Hohannes Hunkiarbeyendian, un érudit de grande valeur qui publia un dictionnaire étymologique de la langue arménienne (1). Les Arméniens célébrèrent ensuite leurs offices dans une salle qu'ils avaient sous-louée à un culte protestant, rue de Vienne. Enfin la générosité de Mantachian père leur permit d'édifier, rue Jean-Goujon, une véritable petite cathédrale dans le style national, et imitée d'une des plus belles chapelles de l'île d'Althamar.

Rien ne conserve le souvenir des morts comme le culte que leur rendent les vivants, et les Arméniens de Paris le montrent bien, par le soin qu'ils mettent à entretenir les monuments funéraires des leurs. Une allée presque entière du Père-Lachaise est occupée par des tombes arméniennes, celle de Hagop Balian, l'architecte du palais des Sultans, celle de Odian qui avait été chargé par Midhat pacha de missions délicates auprès de M. Thiers et de lord Derby; celle de la famille Eknayan, dont deux membres déjà sont morts au service de la France, l'un au Maroc, l'autre, Aram, sur le front français.

Les étudiants arméniens fréquentent couramment nos principales Universités : Paris, Nancy, Montpellier, Aix, Lyon-Fourvières. Les jeunes filles se rendent à Sèvres et à Versailles.

Les Arméniens s'inscrivent de longue date à nos écoles d'agriculture; ils se rendaient compte qu'il y avait un effort à faire de ce côté pour organiser ou régénérer l'agriculture dans leur patrie. L'un des plus célèbres parmi ces élèves fut Grigor Agathon qui devint plus tard conseiller d'Etat à Constantinople. Il fut le premier ministre d'Etat chrétien dans l'Empire ottoman, grâce à l'influence de Napoléon III. Mais, malade, il mourut avant d'avoir pu exercer ses fonctions de ministre des postes et télégraphes. Dagavarian, également formé à Grignon, continua ses études à Paris et devint membre du parlement ottoman. On croit qu'il a été tué lors des derniers massacres.

Plusieurs Arméniens ont fait des conférences en France, à Paris, à Nancy, à Epinal, à Bar-le-Duc, à Lyon, à Toulouse, à Nantes, à Lorient, à Marseille, à Lille, pour présenter les doléances du peuple arménien, surtout depuis 1896, et pour faire connaître la science et le folklore de l'Arménie à des congrès d'orientalistes, d'histoire des religions et d'ethnographie.

Grâce aux voyages de Tavernier, de Chardin, de Texier, de Tournefort, on connaissait en France l'Arménie. On savait même où elle se trouvait; ce qui n'empêcha pas un de nos dauphins, qui avait comme devoir de dresser une carte de l'Asie, d'écrire *Amérique* au lieu d'*Arménie*, tellement le mot et la chose lui disaient peu. Cette carte est conservée à Versailles. C'est là également que l'on peut voir un tableau représentant la conversion des Arméniens au christianisme, et un autre représentant les Egyptiens qui remettent les clefs d'Avas entre les mains de Costandin II.

Si la corde patriotique vibra tout particulièrement chez les Arméniens de France en 1914 (1), on n'aura garde d'omettre que déjà en 1870 une centaine de volontaires arméniens avaient pris place dans nos rangs; ils étaient venus de Constantinople, de Smyrne et d'ailleurs, et l'un d'eux, Issaverdens, se distingua de la façon la plus admirable à la bataille de Gravelotte.

N'avais-je pas raison de dire qu'on ferait un volume à vouloir exposer par le détail les rapports qui, au cours des âges, rapprochèrent la France et l'Arménie?

---

(1) Cf. *Journal asiatique*, 1913, II, p. 672 et suiv.

(1) Voir mon article *L'effort arménien*, dans *la Revue hebdomadaire* du 22 mai 1915 — et Aram TURABIAN, *Les Volontaires arméniens sous les drapeaux français* (Marseille, 1917), in-8° 66 p.

LA FRANCE ET L'ARMÉNIE

à Travers l'Art

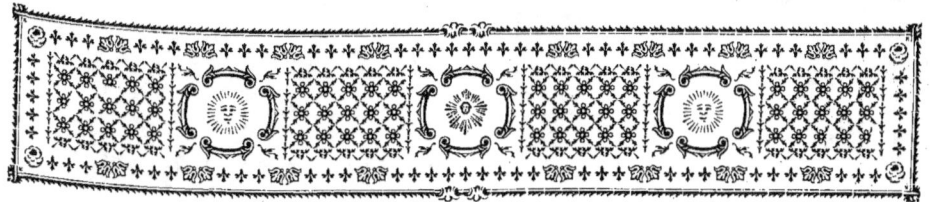

LA FRANCE ET L'ARMÉNIE
à Travers l'Art

On est fort mal renseigné sur le passé artistique de l'Arménie païenne. Selon toute vraisemblance, une bonne partie des statues que l'on découvrit en Arménie sont d'origine asianique ou hellénique. C'est le cas pour les statues de divinités trouvées en Asie et en Grèce par Artachès, en Mésopotamie par Tigrane. Elles furent érigées dans les sanctuaires nationaux. Ces mêmes statues, et d'autres encore, furent détruites systématiquement, ainsi que tout vestige du paganisme arménien, lorsque Tiridate eut embrassé la foi chrétienne (A. Carrière, *Les huit sanctuaires de l'Arménie payenne...*, Paris, 1899, passim). Il faut donc descendre très bas dans le moyen âge, pour rencontrer des représentants de l'art arménien : on en trouve dans l'architecture, dans les monuments funéraires, dans la sculpture des stèles en pierre (Khatchqar). On en trouve surtout dans de nombreux manuscrits, qui ont bravé les vicissitudes du temps et qui sont précieusement conservés dans plusieurs bibliothèques de l'Europe, de l'Amérique du Nord et de l'Asie Antérieure.

Dans les arts plastiques, les anciens Arméniens ont excellé dans l'ornementation et la décoration. La flore stylisée y joue un rôle prépondérant, ainsi que les poissons et les oiseaux. Les ornements géométriques sont fréquemment utilisés et l'emploi des frises dans les khatchqar permet la comparaison avec les fines ciselures de l'art gothique.

Par contre, les anciens Arméniens sont restés primitifs et rudimentaires dans la représentation de la figure humaine, et si l'on rencontre quelques objets d'art dignes de remarque, telle la tête d'Anahit, il faut les attribuer à des artistes étrangers, notamment à des Grecs, invités par les rois d'Arménie à venir travailler dans leur pays.

Si les premiers miniaturistes arméniens se sont inspirés de modèles byzantins, on relèvera la ressemblance frappante qu'offrent entre eux plusieurs de ces documents. Le sanctuaire dessiné dans le manuscrit 229 d'Etchmiadzin (*fig.* 3), avec ses quatre colonnes surmontées d'une coupole crucifère, offre une très grande analogie avec l'Evangéliaire latin de Charlemagne (*fig.* 2), d'inspiration vraisemblablement byzantine lui aussi. Et l'on conviendra que les encadrements destinés à recevoir les canons évangéliques dans le manuscrit arménien de la reine Mlqê (*fig.* 4), datant de l'extrême fin du IXe et du début du Xe siècle, supportent la comparaison avec les encadrements de même genre placés au commencement de l'Evangile de Saint-Médard de Soissons (IXe siècle), (*fig.* 5). Les neumes arméniens (*fig.* 6), sont d'origine probablement byzantine; ils attirent l'œil par leur ressemblance avec les neumes latins (*fig.* 7), qui remontent vraisemblablement à la même source.

Il faut donc arriver à des temps tout à fait modernes pour rencontrer des artistes arméniens qui, se mettant à l'école de l'Europe, ont produit une

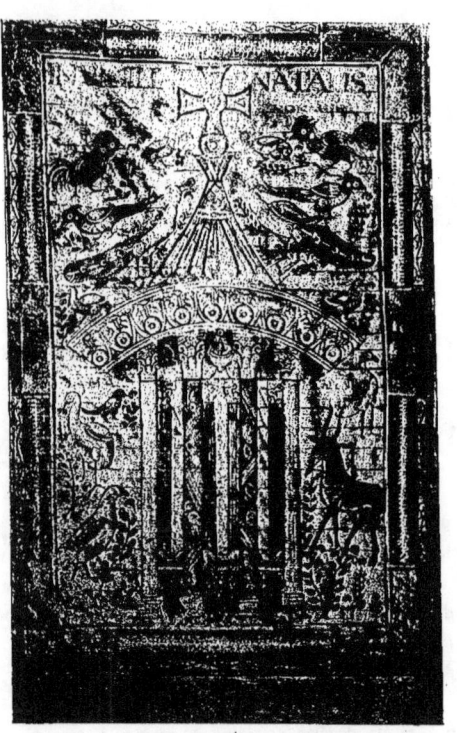

FIG. 2. — ÉVANGÉLIAIRE DE CHARLEMAGNE. (781)
Paris. Bibl. Nat. N. A. lat. 1203, fol. 3 v°.

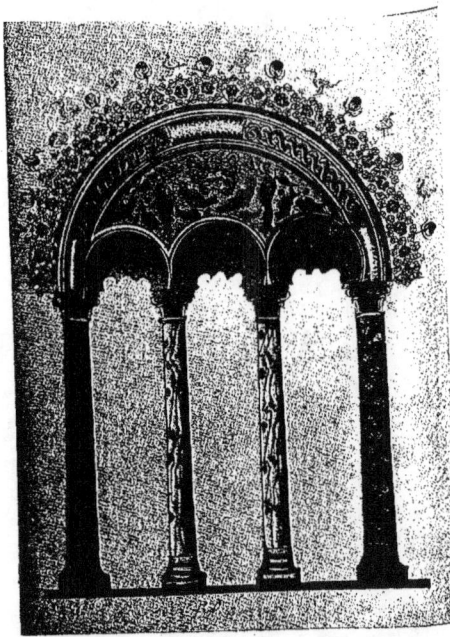

FIG. 4. — ÉVANGILE ARMÉNIEN DE LA REINE MLQÉ (902)
Table de concordance des canons évangéliques.

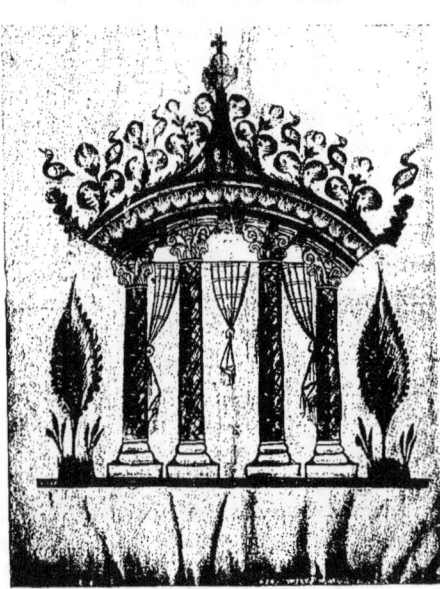

FIG. 3. — ÉVANGILE ARMÉNIEN D'ETCHMIADZIN (989)
Etchmiadzin N° 229, fol. 5 v°.

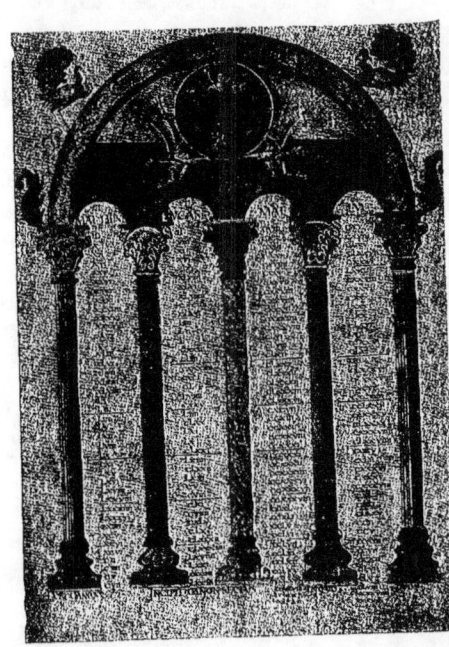

FIG. 5. — ÉVANGILE DE SAINT-MÉDARD DE SOISSONS (IXe SIÈCLE)
Table de concordance des canons évangéliques.

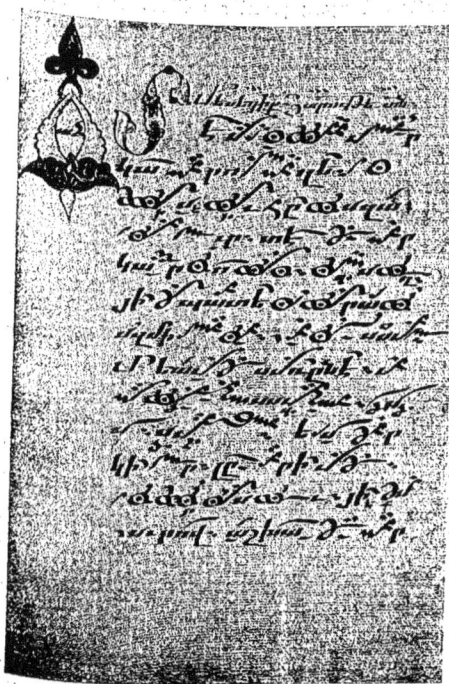

FIG. 6. — NOTATION MUSICALE ARMÉNIENNE (XVᵉ SIÈCLE)
(Parisinus arménien 81, fol. 190 vᵒ)

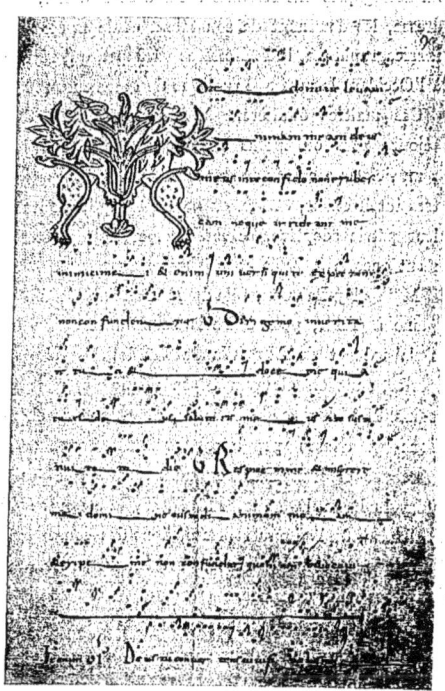

FIG. 7. — NOTATION MUSICALE LATINO-FRANÇAISE (XIᵉ SIÈCLE)
(Parisinus latin 1121, fol. 90)

œuvre originale, intéressante et digne d'être signalée à l'attention du public lettré. La France entre pour une grande part dans l'attrait exercé par l'Occident sur les artistes de l'Orient, et l'on pourrait dresser une liste déjà fort respectable des Arméniens attirés par le renom de nos grands maîtres. On n'en citera que quelques-uns. Une liste complète serait longue et difficile à établir, en ce moment où plusieurs éléments d'information font sensiblement défaut.

*
* *

Le théâtre, la musique, les beaux-arts ont exercé, de nos jours, un puissant attrait sur la jeunesse arménienne. Feu Gulbékian, élève de Paul Mounet, mourut trop jeune pour donner la plénitude de son talent. Le maître forma d'autres disciples, Maxoudian, Bayazad (Bagratouni) (1).

Le délicieux chanteur que fut Moughounian laissa, par sa mort prématurée, des regrets unanimes. Chah Mouradian, actuellement en Amérique, fut un des brillants élèves de notre Conservatoire national de musique et se fit entendre à l'Opéra. Proff-Kalfaïan, Boyadjian, Eghiasarian marquèrent leur passage à Paris par des concerts et des publications

(1) M. Haïgazoun Bey Bagratide (Bayazad), né à Constantinople le 27 décembre 1890, fit ses études chez les Pères Mekhitharistes, au collège Moorat-Raphaël de Venise, à l'Université de Lausanne, à la Sorbonne et à l'Ecole des Beaux-Arts de Paris. D'une extrême sensibilité, il fut poussé vers le théâtre pour y donner libre cours à ses passions; il joua sur différentes scènes parisiennes, notamment au théâtre Sarah-Bernardt. Il a été reçu au Conservatoire dans la classe du grand tragédien Paul Mounet et après avoir terminé brillamment ses études, fut admis à jouer à la Comédie-Française; il est le premier acteur arménien jouant sur la scène de notre premier théâtre national.

musicologiques intéressantes. Au-dessus d'eux, se dresse, les dominant de son talent et de sa science musicographique, le P. Komitas vardapet, qui révéla à l'Occident la musique rustique de l'Arménie (1).

Ces maîtres étudièrent à Paris et y firent des séjours plus ou moins prolongés. Mais tous les « musicistes » arméniens ne quittèrent pas nos centres intellectuels, et l'on en peut citer qui, fidèles à leur patrie adoptive, se faisaient entendre, récemment encore, à Paris et ailleurs.

Mme Laloy-Babaïan, fille du Dr Babaïan, étudia le piano à Tiflis, puis à Paris sous la direction de Delaborde et de Mme Wanda Landowska; elle se perfectionna en clavecin et se manifesta, avec sa sœur, Mlle Marguerite Babaïan, au concert de chansons et danses populaires arméniennes, russes, grecques et françaises, donné en 1907 à la salle Pleyel. Dans la suite, Mme Laloy-Babaïan se fit entendre, à plusieurs reprises, dans des concerts de musique ancienne, russe, arménienne, etc., en diverses salles de Paris.

Mlle Marguerite Babaïan, sœur de la précédente, fit ses premières études de musique au Conservatoire de Tiflis, puis se perfectionna à Dresde sous la direction du pianiste B. Scholtz; elle travailla le chant au Conservatoire de Tiflis et vint à Paris. Mlle Babaïan se manifesta dans de nombreux concerts de musique arménienne, russe, française et italienne, à Paris, dans les principales villes de France, à Londres, en Suisse, etc. Des musicographes français éminents chargèrent Mlle Babaïan, à maintes reprises, d'interpréter et de créer devant le public des œuvres oubliées de maîtres anciens, qu'ils avaient découverts dans de vieux manuscrits, depuis le XIIIe siècle, en portant leur choix sur les anciennes musiques française, italienne et allemande. Mlle Babaïan fonda à Paris un cours de chant, patronné par de grands maîtres français; parmi ses élèves arméniens, on citera feu Moughounian, Chah-Mouradian, Mlles Kavanoz, Berberian, etc.

Mlle Kavanoz, née à Constantinople, douée d'une belle voix de soprano dramatique, vint à Paris pour se perfectionner dans le chant et se produisit déjà dans plusieurs concerts.

On ajoutera le nom de Mlle Démirdjian, qui vient de remporter un prix d'excellence pour le violon, au Conservatoire, où elle obtenait son premier prix l'année dernière.

M. Diran Alexanian, de Constantinople, violoncelliste de grande valeur, étudia d'abord à Constantinople, se perfectionna à Dresde, puis à Paris, où il se fixa; il se fit entendre dans de nombreux concerts, où les amateurs de vraie musique purent apprécier son talent. Il se révéla dans ces dernières années comme compositeur.

Né à Constantinople le 10 août 1890, M. Yacoubian manifeste, dès son jeune âge, un goût prononcé pour la musique et l'étudie chez un musicien dalmate, M. Radeglia, ancien élève du Conservatoire de Paris. En dépit de l'opposition de ses parents le jeune Yacoubian embrasse la carrière artistique et quitte Constantinople en 1908, avec la troupe Castellano dont il est le chef d'orchestre. A la fin de la tournée de cette troupe dans les Balkans et en Italie, qui dure un an et demi, M. Yacoubian vient à Paris pour y compléter ses études musicales au Conservatoire et suit les classes de MM. Penard, Gedolge et Widor.

M. Yacoubian est le créateur, à Paris, des Concerts Franco-Arméniens dont l'ouverture eut lieu, le 17 mai 1917, à la Salle des Hautes Etudes Sociales, où Mlle Marguerite Babaïan exécuta pour la première fois, des chants populaires arméniens avec accompagnement d'orchestre.

M. Yacoubian a acquis tout seul une grande habileté comme chef d'orchestre; il dirige actuellement à Paris, l'orchestre du Concert Rouge et celui du Théâtre des Champs-Elysées.

M. Haïk Gudénian, violoniste, originaire de Cilicie, fit ses études à Bruxelles et à Prague; il se manifesta à différentes reprises à Paris, où il se

---

(1) Cf. F. Macler, *La Musique en Arménie* (Paris, E. Nourry), 1917, passim. C'est à tort et par suite d'une erreur d'information que j'ai imprimé (*op. cit.*, p. 25) que Komitas vardapet « chanta un charakan qu'il avait appris sur les genoux de sa mère ». Sa mère, une poétesse doublée d'une musicienne-compositeur, mourut en donnant le jour à son fils. Celui-ci apprit, de la bouche de son père et de ses tantes, à chanter, d'abord les œuvres de sa mère, puis les chansons populaires et les hymnes religieuses.

faisait entendre, récemment encore, à la salle Gaveau, après avoir fait de nombreuses tournées en France et à l'étranger.

.*.

Dans le domaine de la peinture, de l'eau-forte, de la sculpture, plusieurs artistes arméniens firent à Paris un séjour plus ou moins prolongé et y subirent l'influence de nos maîtres français. Il en est qui nous ont quittés et sur lesquels je n'ai pu recueillir que très peu de renseignements :

Sarkis Diranian, né à Constantinople, fut l'élève de Gérôme; il obtint une mention honorable en 1892 et en 1900; puis il exposa à la Société des Artistes Français, en 1910, une *Danseuse Circassienne* et un *Five o'clock*.

Sarkis Erganian, né à Trébizonde, fut l'élève de Jean Paul Laurens et de Benjamin Constant; portraitiste d'un talent remarquable, son premier envoi au Salon de la Société des A. F. de 1896 fut un portrait du Dr. Z... d'un effet saisissant, pour lequel il eut une mention honorable.

Hovseph T. Pouchmanian, sujet américain, suivit l'enseignement de Tony Robert-Fleury; il exposa en 1911 le portrait de Mme P., et en 1913, celui de Mme T.

Jean Grégorian, né au Caire (Egypte), fut l'élève de Bouguereau, de Tony Robert-Fleury, de Gérôme et de Gabriel-Ferrier. Il exposa, en 1913, un *Portrait de l'artiste*.

Panos Terlémézian, né à Van (Arménie turque), se mit à l'école de Benjamin-Constant et de Jean-Paul Laurens. Il produisit une œuvre abondante, inspirée surtout par les sites et les personnages de sa patrie. Il exposait, en 1910, *La Charité*, projet de décoration en vieux style arménien.

Il en est d'autres, vivant actuellement à Paris, dont l'œuvre peut plus aisément être signalée aux amis des arts et des Arméniens.

Mme BABAIAN-CARBONELL

Mlle Arminia Babaïan naquit à Tiflis (Caucase), dans cette ville qui sert actuellement de capitale aux Arméniens de Russie. Dès la plus tendre enfance,

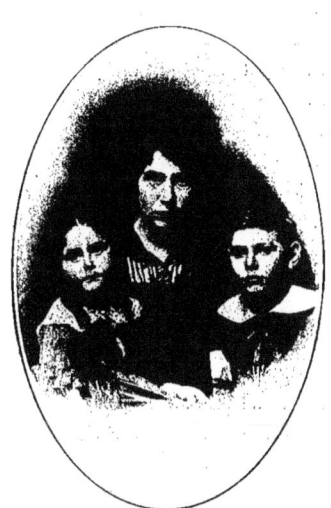

Mme BABAIAN-CARBONELL.

elle manifesta le goût le plus vif pour la peinture, et se sentit encouragée dans cette voie par ses parents, feu le Dr Avétik Babaïan, et Madame, née Sophie Bayandourian.

Le premier maître de dessin de la jeune artiste fut un peintre français, homme très distingué et d'une haute culture, Napoléon Cui, professeur de dessin à Tiflis, et frère du compositeur César Cui. Puis, Mlle A. Babaïan continua ses études à l'École de dessin et de peinture de Tiflis.

A 15 ans, ses parents l'envoyèrent à Dresde, où elle travailla spécialement le dessin. De retour à Tiflis, après un an et demi d'étude passé à l'étranger, Mlle Babaïan exposa avec succès des portraits. Puis elle partit pour Paris, où elle se perfectionna dans le dessin et la peinture, sous la direction de J. Lefebvre et de Tony Robert-Fleury, à l'Académie Julian. Elle passa enfin plusieurs années à l'école d'Eugène Carrière, dont elle fut une des meilleures élèves.

Mme Babaïan-Carbonell exposa, en 1903, à la Société Nationale des Beaux-Arts un tableau intitulé *La Lecture,* et le portrait de M. J. C. La même année, elle était nommée Associée de la Société Nationale des Beaux-Arts. Depuis lors, elle exposa régulièrement à la Société Nationale des Beaux-Arts, au Salon d'Automne, aux Indépendants; elle prit également une large part à des expositions de province.

Mme Babaïan-Carbonell a fait surtout des portraits, des intérieurs, des natures mortes. On remarqua les portraits de Mlles V., L., B., des docteurs W. et B., de M. Jean Périer de l'Opéra Comique (salon de 1914). Elle cherche avant tout, à rendre exactement la vie, le mouvement, le sentiment, l'expression.

Extraits de la presse. — « D'Arménie nous vient un talent neuf et original : Mlle Babaïan expose une *Lecture* qui annonce une finesse d'œil et de sentiment indéniable » (*Figaro illustré,* mai 1903).

« ... ni les *Portraits,* de Mlle Babaïan, qui semble s'inspirer avec bonheur de la manière de M. Carrière : d'un fond gris, terne, sombre, se détachent des physionomies vigoureusement peintes » (*Journal des artistes,* 22 nov. 1903).

« Nous avons également admiré les deux œuvres de Mlle Babaïan, une Arménienne d'un réel talent dont les œuvres sont empreintes d'une poésie intense; il se dégage de sa *Mélancolie* un charme profond » (*France littéraire,* 15 mai 1906).

« Après avoir, depuis ses princesses vénitiennes d'aimable mémoire, successivement emprunté les effets de lumière de Besnard, puis les rousseurs enveloppées de Latouche, le voici qui s'achemine, — en conservant la distance, — vers la technique souple et large de Carrière, dont Mlle Armina Babaïan, élève directe, avec un peu de coloris supplémentaire, rappelle mieux la science si discrète et les grisailles nostalgiques » (*Revue libre,* mai 1904).

« A la section coloniale de l'Exposition d'hygiène et d'économie sociales, organisée au Grand Palais par le *Journal,* on remarque une exposition particulière de huit tableaux de Mme A. Babaïan-Carbonell, une des plus brillantes élèves de M. Carrière. Quatre de ces tableaux représentent des paysages aux demi-tons mystérieux et poétiques de lumières et d'arbres, d'une conception sobre et noble. Les autres représentent des figures pleines de vie et d'expression, principalement choisies parmi les membres de la famille de cette artiste de talent » (*L'Arménie,* 1er mars 1905).

« Un peu d'orientalisme, pour n'en pas perdre l'habitude. Mme Babaïan-Carbonell noie dans une pénombre trop compacte les belles qualités de dessin de ses *Esquisses de danse arménienne* » (*Revue théâtrale,* avril 1906).

« Ce sont aussi deux toiles de valeur que celles qu'a envoyées Mme Babaïan-Carbonell. Si sa *Béatitude* est un peu indécise, bien qu'excellemment posée, par contre, la *Grand'mère* est une œuvre achevée, d'une tenue irréprochable et qui aboutit droit au but qu'elle s'est proposé : nous plaire, nous émouvoir » (*Argus Salons,* 25 mai 1912).

Zakarie ZAKARIAN

Le doyen d'âge des artistes arméniens de Paris naquit à Constantinople au mois d'août 1849. Il fait ses études primaires dans sa ville natale et, en 1867, ses parents l'envoient à Paris, à Sainte-Barbe, pour se préparer aux études de médecine. Il réussit à tous ses examens, subit avec succès le concours d'externat, et est externe des hôpitaux pendant trois ans, jusqu'en 1878.

Au Quartier Latin, le jeune étudiant en médecine fréquente surtout quelques artistes français, avec lesquels il se lie de la plus vive et de la plus sincère amitié. Un jour, dans l'atelier d'un de ses amis,

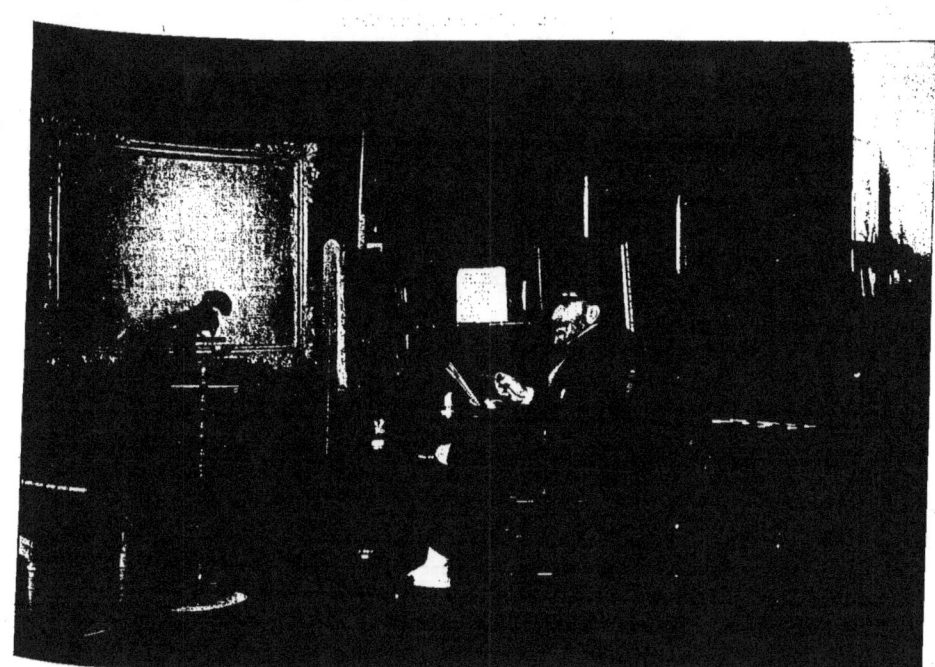

ZAKARIE ZAKARIAN DANS SON ATELIER

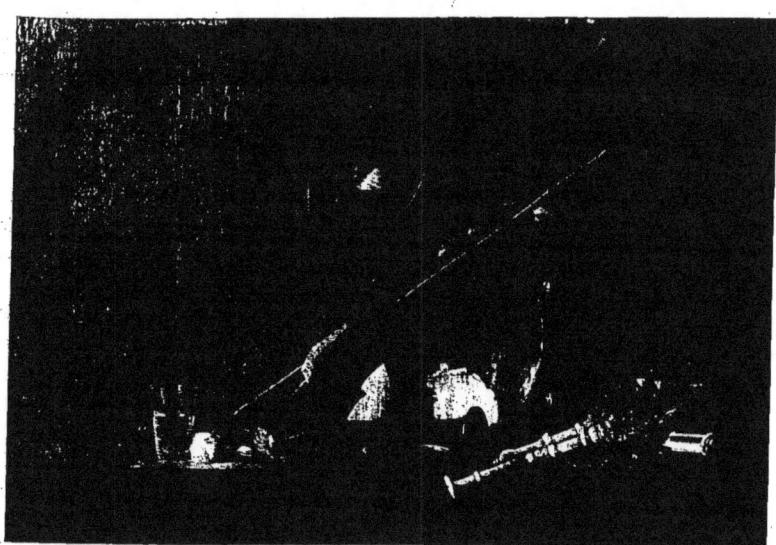

Z. ZAKARIAN. — INSTRUMENTS DE MUSIQUE

Zakarian prend une palette et se met à peindre une nature morte, une cruche. On montre cet essai à Luminaix, en lui expliquant dans quelle circonstance il a été exécuté. Luminaix répond : « Cela se voit quelquefois. »

Un autre jour, dans un autre atelier d'ami, Zakarian représente sur le parquet, en trompe-l'œil, des tubes à couleur avec du blanc et du noir. C'était à s'y méprendre. John Levis Brown observe le travail et s'écrie : « Mais c'est un peintre ! »

La vocation cachée se révèle impérieuse, au désespoir des parents de Zakarian, qui, de ce chef, lui coupent les vivres. Le néophyte se met avec passion à la peinture. Il se forme seul, sans suivre les leçons d'un maître. Son intimité avec Degas et les conversations qu'il eut avec lui sur les maîtres anciens firent son éducation d'artiste. Mais le jeune maître vole bien vite de ses propres ailes. Il expose en 1879 au cercle Volney une nature morte, puis, en 1885, au salon des Champs-Elysées, deux natures mortes, dont l'une fut achetée pour le musée d'Orléans.

La réputation du maître grandit vite; il perfectionne de plus en plus son art et une douzaine au moins de ses œuvres figurent dans les principaux musées de France. Zakarian est resté fidèle à ses premiers essais qui lui assurèrent le succès; il ne se risqua jamais dans le portrait, non plus que dans le paysage. Il s'est spécialisé dans les natures mortes, s'inspirant surtout de Chardin.

Extraits de la presse. — « Comment, en finissant, ne pas admirer les natures mortes de M. Zakarian, d'un rendu étourdissant et d'une composition simple, mais toujours personnelle? » (*Dépêche*, Lille, 22 mars 1888). — « M. Zakarian m'a donné vraiment soif avec son étonnante *Tranche de melon d'Espagne*, d'un vert si frais, et qui doit être si désaltérant, si fondant : — c'est avec ces tranches de melons-là, que les pauvres gens des pays chauds disent que pour deux sous « ils mangent, boivent et se lavent la figure ». — Ses *Raisins* sont succulents et ses *Prunes* semblent, dans l'ombre où il les a peintes, encore toutes chaudes du verger ensoleillé où on les a cueillies. Quant à ses *Instruments de musique*, ils sont absolument incomparables. Ce ne sont point seulement des objets aux beaux contours et aux formes bien groupées; ils sont encore hantés par l'âme des chants lointains et des vieux airs évanouis. Ils sont restés vibrants d'une harmonie intérieure. Ils se taisent, mais ils ont une voix. Ils ont soupiré, ils ont sangloté. Cette flûte allongée a modulé tour à tour des mélodies douces ou suraiguës; ce violon, ainsi que dans le vers de Baudelaire, a « frémi comme un cœur qu'on afflige », et son bois est d'un brun doré d'insecte luisant. Ces instruments de musique sont *vrais,* non seulement par leur apparence exacte, mais par ce que le peintre nous laisse deviner en eux de musicalement secret et de profondément sonore » (*Revue de Paris,* 1er juin 1907). — « Je sais qu'une agréable surprise m'attend à chacune des visites que je fais à l'atelier de M. Zakarian et que je n'en sors jamais sans en rapporter le souvenir de quelque exquise vision d'art... » (*New-York Herald,* 30 janvier 1908) — « Zakarian 1229, 32. Natures mortes qui pourraient être signées des vieux maîtres de l'école flamande » (*Swarte*, 13 avril 1909). — « Je ne vous demande pas si vous connaissez Zakarian et ses natures mortes. Depuis qu'elle existe, la Société nationale des Beaux-Arts hospitalise, à chacun de ses Salons, une demi-douzaine de toiles où l'artiste, avec un scrupule croissant, une adresse toujours grandissante, un sens de couleur de plus en plus raffiné, renouvelle, en les traitant dans une gamme aussi sombre que jadis les Chardin furent clairs, les motifs traités sous Louis XV par notre admirable Chardin » (*Le Temps,* 13 avril 1907). — « Comme à son habitude, nous avons de M. Zakarian d'admirables natures mortes : *Instruments de musique,* des *Raisins* et des *Prunes* à croquer, dignes des David de Heem, de Heda ou de Chardin » (*Paysan de France,* 2 juin 1907).— « Je reprocherai aux natures mortes de M. Zakarian d'être un peu noires; mais quelles choses exquises ces études renferment ! Ses arrangements originaux d'objets divers sont éclairés d'une façon délicieuse. Devant ces toiles, on se plaît à évoquer malgré soi le souvenir de Chardin; M. Zakarian est un Chardin moderne et ce n'est pas un mince titre de gloire; mais n'effarouchons pas la modestie de l'artiste et passons » (*Journal des Artistes*, 21 mars 1908). — « Plus on étudie les natures mortes de M. Zakarian, plus on leur trouve d'éminentes qualités : c'est du Chardin sans en être, et proclamer le talent qu'a eu le grand artiste moderne de faire *autre chose* après un tel maître, mais *quelque chose* qui puisse se mesurer avec des productions aussi renommées, est le plus bel éloge qu'il soit possible d'adresser à notre contemporain » (*Journal des Arts*, 21 mars 1908). — « ... Quant à la nature morte, son unique représentant, Zakarian, est de ceux qui, tout en ne pastichant pas le vieux Chardin, s'inspirent de ses conseils et excellent à donner aux objets les plus humbles, par la façon dont ils les présentent, de l'intérêt et de la distinction tout ensemble » (*Le Temps*, 2 mars 1908). — « M. Zakarie Zakarian, comme exécutant, est unique — on voudrait qu'il osât plus, sans perdre sa manière impeccable » (*Grande Revue*, 10 mai 1908). — « Combien peu parmi les tableaux du Salon supporteraient le voisinage des maîtres de nos musées ! On n'hésiterait pas à mettre à côté d'eux les natures mortes de Zakarian qui sont d'un ton et d'une matière si admirables. Tout a été dit sur ce peintre et on ne peut que se réjouir de le trouver toujours égal à lui-même » (*New-York Herald*, 14 avril 1909). — « Le bon peintre, M. Zakarian, ne se contente plus de régaler nos yeux de fruits et de victuailles que l'on croyait pouvoir saisir et goûter. Il a fait, cette année, de son merveilleux pinceau le portrait de sa cheminée, décorée d'un buste en bronze de Voltaire. Sa manière le rajeunit en ce caprice imprévu » (*Gaulois*, 14 avril 1909). — « Finissons avec une étonnante nature morte de Zakarian : un bronze sur une table, peint avec une vérité qui déconcerte... et c'est tout » (*Moniteur du Puy-de-Dôme*, 19 mars 1909). — « Une *Nature morte* de Zakarian attire enfin l'attention, le sujet principal est un buste en bronze de Voltaire. M. Zakarian a su lui donner un relief, une vie intense; la lumière se joue à souhait sur la patine avivée du modèle » (*Echo des premières*, 25 mars 1909). — « Parmi les natures mortes à la Chardin, d'une couleur profonde, où excelle M. Zakarian, nous retrouvons ce *Buste de Voltaire*, déjà vu cet hiver à l'*Epatant* » (*Journal de Rouen*, 21 avril 1909). — « L'œuvre de Zakarian est, je le répète, superbe, de tout premier ordre, et les grands peintres de nature morte de jadis,

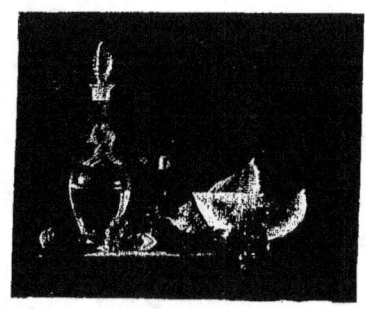

Z. ZAKARIAN. — CARAFE ET VERRERIES

Snyders, Fyt et notre Chardin tout le premier, peuvent être contents » (*Annales*, 11 mars 1911). — « ... Enfin, de M. Zakarian, deux de ces étourdissantes natures mortes, d'exécution impeccable » (*New-York Herald*, 12 mars 1911). — « Quant à M. Zakarian, de qui les œuvres sont toujours très remarquées, on admire deux jolies natures mortes, d'une délicate et fine coloration » (*Journal des Arts*, 23 août 1913). — « La carafe et les verreries de M. Zakarian sont diaphanes à souhait, ses *Instruments de musique*, ses *Raisins* affirment la sûreté d'un métier scrupuleux » (Paul Adam, *Dix ans d'art français*).

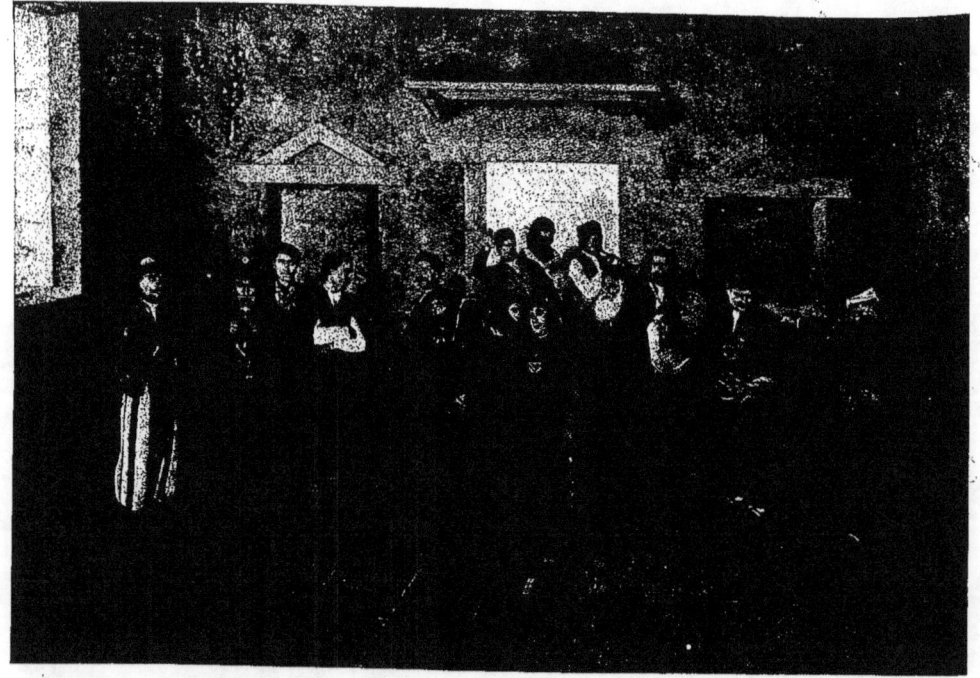

C.-G. NICHANIAN. — MARIAGE ARMÉNIEN A MOUCH

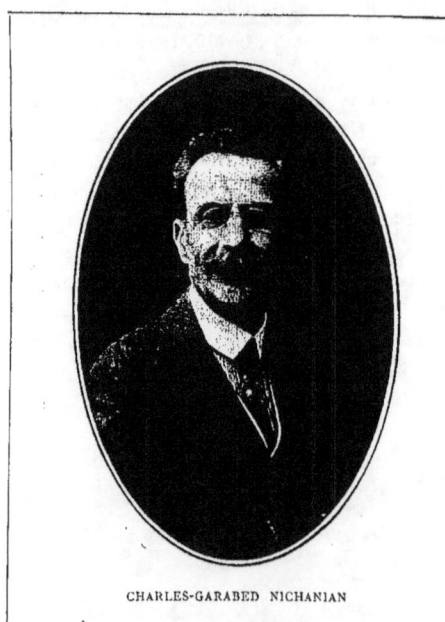

CHARLES-GARABED NICHANIAN

Charles-Garabed NICHANIAN

M. Nichanian est né à Constantinople en 1861. Il prend ses premières leçons de dessin et de peinture chez Emile Guillemet, artiste peintre français que le sultan Abdul Aziz avait fait venir à Constantinople pour faire son portrait. L'œuvre achevée, Guillemet s'établit dans la capitale ottomane et y ouvre une académie de dessin et de peinture.

Désireux de poursuivre ses études artistiques, Garabed Nichanian se rend à Naples. Il y reste cinq ans, travaillant avec le maître Cav. Domenico Morelli, à l'école des Beaux-Arts, alors dirigée par le maître Palizzi.

L'élève est devenu un maître, à son tour, et il passe quelque temps à Constantinople où il exécute plusieurs tableaux et où il devient professeur de dessin de S. A. Saïd pacha. Puis il voyage en Russie, au Caucase, séjourne de préférence à Bakou et à Vladikavkas, peignant des églises et exécutant des portraits de particuliers.

Désireux d'élargir son horizon artistique et d'étu-

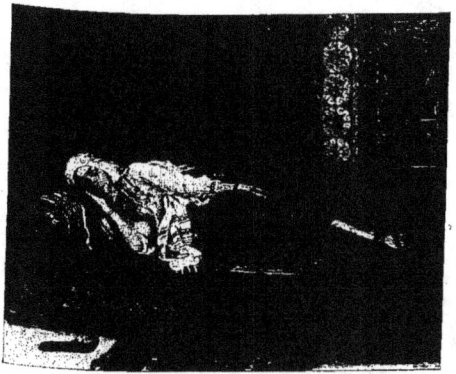

C.-G. NICHANIAN. — LE REPOS DE L'ODALISQUE

dier un monde nouveau, Nichanian vient à Paris en 1906. Il travaille à l'Académie Julian, sous la direction de Jean-Paul Laurens. Depuis lors, il est resté en France, retenu par le charme artistique de Paris.

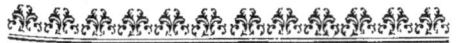

Arsène CHABANIAN

Artiste peintre, né à Erzeroum en 1864. Il reçoit sa première instruction artistique chez le maître Paoletti, à Venise. Puis, il se rend au Caucase, où il soumet ses premières œuvres à Aïvazovski; celui-ci encourage le jeune artiste à se rendre à Paris pour s'y perfectionner.

Arsène Chabanian est admis à l'atelier du maître Gustave Moreau, et, à l'Académie Julian, il devient l'élève de Jean-Paul Laurens et de Benjamin Constant. Mais son vrai maître est la nature, surtout celle de Bretagne, d'où il rapporta plusieurs études et de nombreux tableaux, qui figurèrent à divers salons : des Artistes français, Société Nationale des Beaux-Arts, etc.

Chabanian est membre fondateur de la Société des peintres de marine; il fait partie de plusieurs sociétés artistiques et littéraires, en France et à l'étranger. Enfin, ce maître est un des rénovateurs, avec Rafaelli, de la gravure en couleurs; il est, du reste, membre fondateur de la Société de la gravure en couleurs.

Les œuvres de Chabanian ne se comptent plus. L'Etat français en a acheté un certain nombre : *Pêcheuses de crevettes, Soleil couchant en Bretagne, la Vague*, enfin *Clair de Lune*, étude très importante acquise pour le Musée du Luxembourg. Tous les trois ou quatre ans, le maître fait une exposition particulière de ses œuvres, à Paris.

Lors d'une récente exposition, à la galerie Georges Petit, le maître Chabanian fut décoré de la Légion d'Honneur. La presse française, et en particulier le *Figaro* et le *Temps*, sous les signatures d'Arsène Alexandre et de Thiébault-Sisson, reconnurent en lui le premier peintre de marine de notre époque; il excelle, par ses études de lumière, à rendre artistiquement les clairs de lune et les couchers de soleil se mirant sur les flots.

Le *Studio* a consacré plusieurs articles au maître arménien, tout en reproduisant un certain nombre de ses œuvres dans ses publications mensuelles. Chabanian fit une grande exposition à Londres; il y remporta le plus légitime succès, tant auprès de la presse londonienne que des amateurs éclairés.

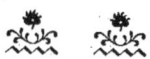

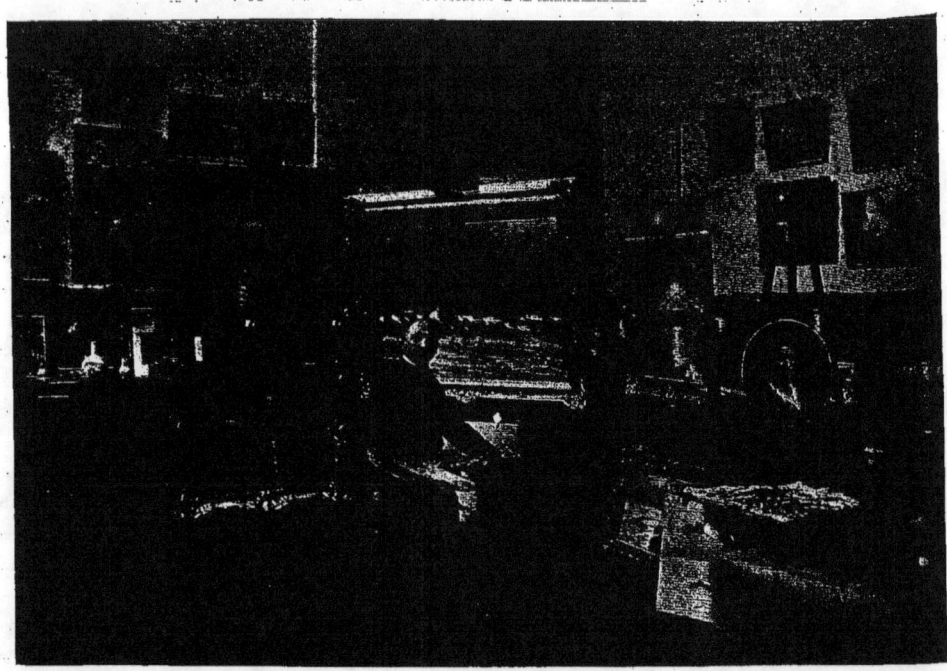

A. CHABANIAN DANS SON ATELIER

A. CHABANIAN. — CLAIR DE LUNE

Charles ATAMIAN

✢ ✢

Artiste peintre, né à Constantinople, en 1872. Il fut d'abord, à Péra, l'élève des Mekhitharistes qui, voyant en lui un jeune homme doué, l'envoyèrent

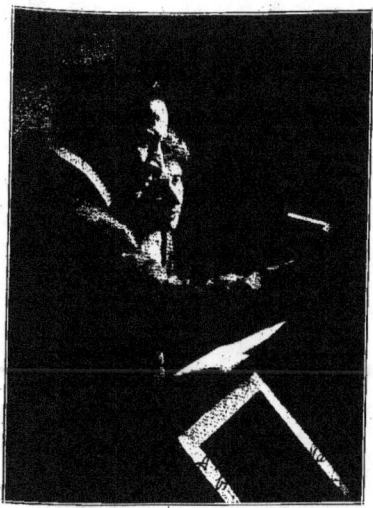

CHARLES ATAMIAN (Photo Abel)

dans leur collège Moorat-Raphaël à Venise. Il se mit à l'école de Paoletti, puis vint en France, où il travailla, sans maître. Il se plaît à reconnaître que sa formation artistique a été très influencée par la France; Paris l'a conquis; c'est la seule ville où il se sente chez lui pour accomplir son œuvre d'art.

Ch. Atamian expose au Salon, à la Nationale, des portraits, dont on remarqua tout particulièrement celui de Jean José Frappa, celui de Fernand David, ministre du Commerce, celui de Jean Rameau, et d'autres encore. Il collabore, comme illustrateur, au *Monde Illustré*, au *Sphere*, au *Graphic*, ainsi que dans les maisons d'édition telles que : Hachette, Pierre Lafitte, etc.

Sous l'influence de la guerre, Atamian a produit des œuvres qui dénotent un puissant talent de conception et une rare habileté d'exécution. On citera : *Debout, les morts!* publié par la maison Vermot et qui servit d'affiche à l'Almanach 1916, qu'édite cette maison; — *Saluez! C'est Verdun!* également publié par la maison Vermot pour son Almanach 1917; — *L'offensive devant Péronne*, peinture spécialement exécutée pour le numéro du 29 juillet 1916 du *Sphere*; — *L'Union sacrée*, sorte de diplôme commémoratif destiné aux soldats alliés, publiée par la maison Méricant; — le frontispice de *Artzakank Parisi*, numéro du 10 janvier 1917, représentant les volontaires arméniens, guidés par le sentiment de l'Arménie enfin délivrée, dont les chaînes sont définitivement brisées, et qui semble dire à ses enfants : Se battre pour la France, c'est se battre pour l'Arménie.

Extraits de la presse et de lettres particulières. —

« ... et de M. Atamian, un *Matin sur l'Oise à Mézières*, dans les gris-vert pâles qui est une fine étude de notre jolie vallée » (*Journal de Saint-Quentin*, 23 octobre 1909).

« Atamian expose deux paysages (4, 5), deux belles études de nature de tons très fins » (*Saint-Quentinois*, 6 nov. 1909).

« Voici de Ch. Atamian, deux paysages d'une grande sincérité, harmonieux et bien aériens » (*Revue des Beaux-Arts*, 28 nov. 1909).

« ... Portrait de M. José Frappa, par Atamian, fort curieux » (*Gazette de France*, 16 avril 1911).

« Dans une attitude familière, et souriant, voici, prêt à accueillir chacun avec la bonne grâce qui lui est propre, M. J. José Frappa, le jeune et sympathique rédacteur en chef du *Monde Illustré* devant son bureau. Ce portrait, très sincèrement traité, est l'œuvre d'un des collaborateurs les plus appréciés du *Monde Illustré*, M. Ch. Atamian » (*Monde Illustré*, 6 mai 1911). »

« Quel est ce confrère modeste
Au sourire aimable et pimpant?
« Jean-José Frappa?... Sans conteste,
« Puisque son portrait est... frappant! »

(*Courrier français*, 23 avril 1911). »

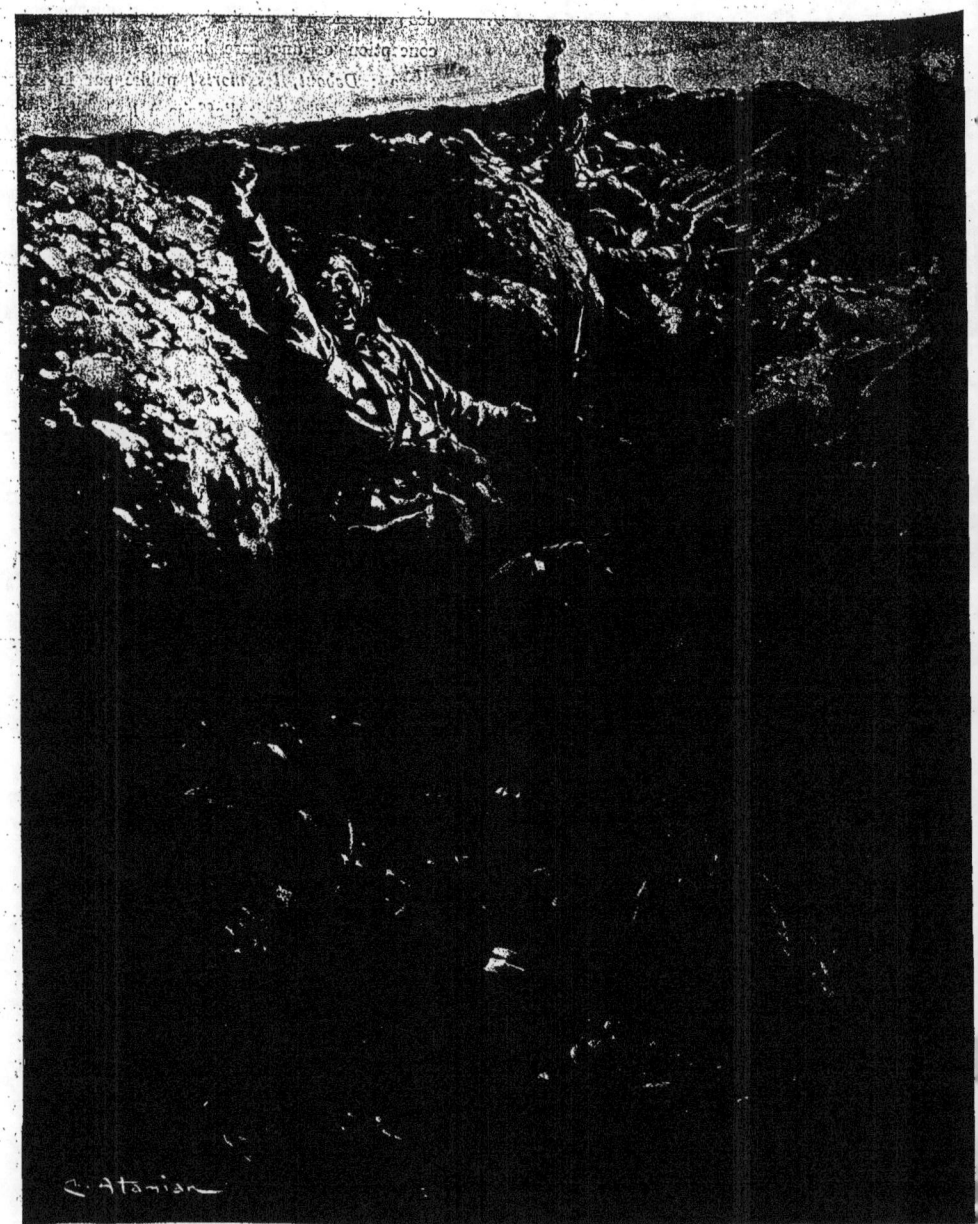

CH. ATAMIAN. — DEBOUT, LES MORTS!!!

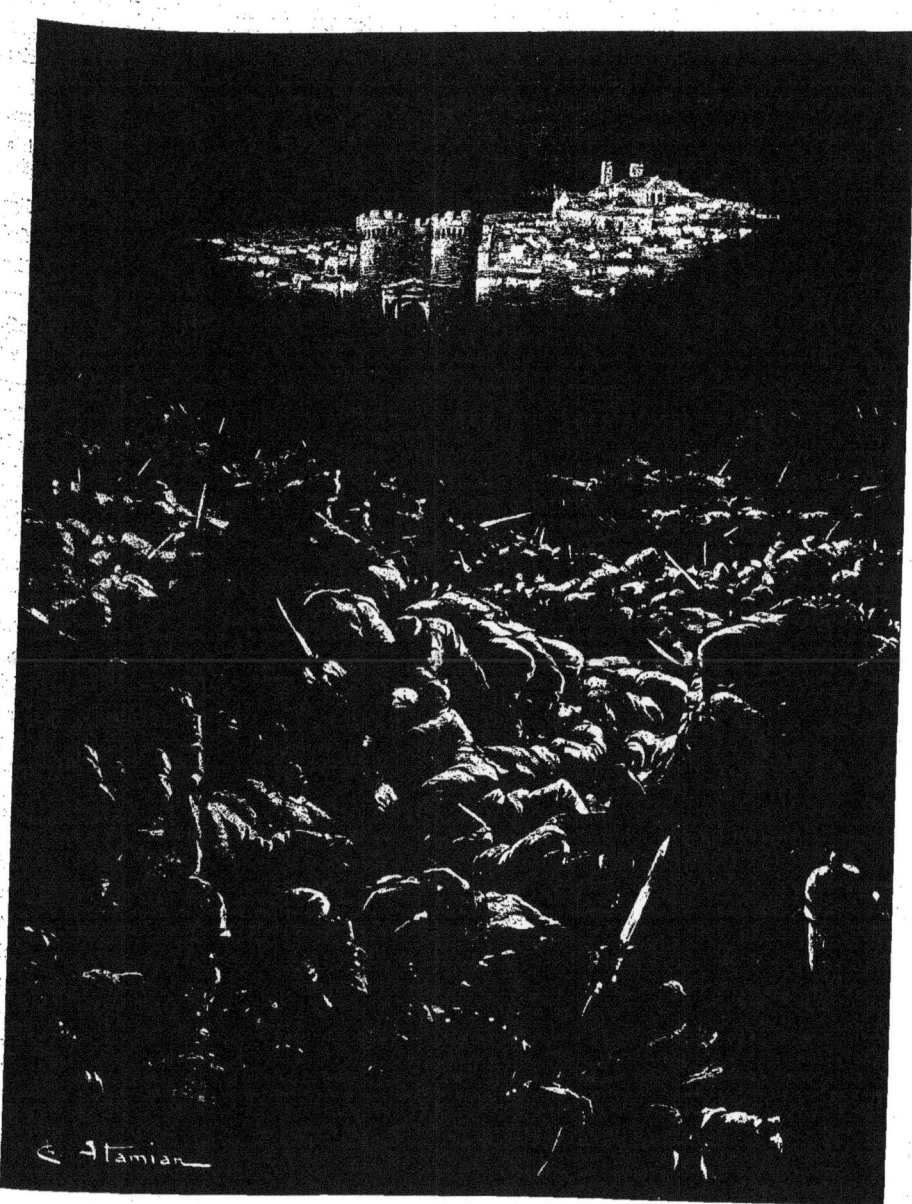

CH. ATAMIAN. — SALUEZ !!! C'EST VERDUN

« M. Atamian expose un portrait fort heureux de M. Fernand David » (*La Bataille*, 16 avril 1912).

« De M. Atamian, un excellent portrait du Ministre du Commerce, M. Fernand David, travaillé dans la pâte, par un artiste sincère qui ne tardera pas à conquérir une place enviée au soleil des portraitistes, pour ses belles qualités d'enveloppement et la qualité de sa matière » (*Monde Illustré*, 11 mai 1912).

« ... Pas mal, au contraire, M. Fernand David, par M. Atamian » (*Journal des Arts*, 24 avril 1912).

« Faut-il féliciter M. Charles Atamian d'avoir eu pour modèle M. Fernand David, notre national ministre du Commerce et de l'Industrie; ou devons-nous féliciter M. David d'avoir été interprété si puissamment par M. Charles Atamian? Pour moi, qui n'ai rien à attendre du ministre, je loue M. Atamian et je le loue sans réserve » (*Argus Salons*, 25 mai 1912).

« ... le ministre Fernand David, au clair et pénétrant regard, par Atamian » (*Le Matin*, 14 avril 1912).

« Il conviendrait de s'attarder davantage sur d'autres portraits, dont certains sont excellents et dont nous nous contentons de donner la liste : ceux de MM. ... Atamian » (*La Liberté*, 16 avril 1912).

« ... au portrait de M. Fernand David, ministre de l'Agriculture, par Atamian » (*Le Temps*, 14 avril 1912).

« M. Atamian et le portrait de sa fille, assise, vue de profil, trouvera grâce devant des juges sévères. S'il est venu chez nous, d'Arménie, apprendre *l'Art de plaire*, il garde dans son métier certains accents qui sont à lui et qu'il doit sauvegarder contre toutes glorieuses influences » (*Cahiers de l'art moderne*, 13 avril 1913).

« Arrêtons-nous devant de bons portraits de M. Atamian, toujours en progrès » (*Monde Illustré*, 3 mai 1913).

« Atamian expose un beau portrait d'homme peint sobrement et d'une ressemblance qui ne fait aucun doute » (*Revue artistique*, juin 1913).

« Puis-je oublier MM. Atamian, Hawthorne...? » (*Univers*, 16 avril 1914).

« ... et une bonne *Etude à la lampe* de M. Charles Atamian » (*Renaissance*, 18 avril 1914).

« L'envoi d'Atamian, *Sous la lampe*, n'est qu'une pochade, mais de quelle vigueur synthétique ! » (*Radical*, 12 avril 1914).

« Mon ami, ce portrait de mon fils est un prodige de talent, de divination et d'affection. Vous avez fixé là, pour notre douloureuse consolation ce que Dieu a effacé. J'ai besoin de vous voir et de vous dire ma gratitude... » (Hugues Le Roux, 7 novembre 1906).

« Puisque je ne puis pas vous le dire en ce moment de vive voix, je tiens du moins à vous écrire sans tarder davantage, combien j'ai été charmé des illustrations dont vous avez orné mon *Erreur conjugale*. Elles sont délicieuses, et c'est l'avis général. Mais en dehors de leur finesse et de leur grâce, il y a une chose qui m'a particulièrement touché : c'est que vous vous êtes attaché, en dessinant mes personnages, à les exprimer exactement tels que je les avais conçus, en prenant le souci des moindres détails, et dans ceux à qui votre beau talent a donné la vie, je retrouve entièrement ceux que j'avais désiré créer... » (Jean Madeline, Préfet de la Corse, 30 septembre 1910).

M. Atamian envoie *Debout, les morts!* et *Saluez, c'est Verdun!* au général comte Luigi Capello, le héros de Gorizia, qui lui répond à la date du 20 mai 1917, par les mots suivants : « Monsieur, j'ai reçu les splendides tableaux que vous avez eu la courtoise pensée de m'envoyer. Ils sont vraiment très réussis, tant par la conception intéressante et noble, que par la perfection de l'exécution. En ces jours où mes soldats se battent et sont vainqueurs, la vision de l'héroïsme de nos alliés apparaît à mes yeux beaucoup plus émouvante. Remerciements cordiaux et salutations... »

Tigrane ESSAIAN

Artiste peintre, né à Constantinople en 1873; fait également de la sculpture. M. Essaïan reçoit sa première instruction artistique à l'Ecole des Beaux-

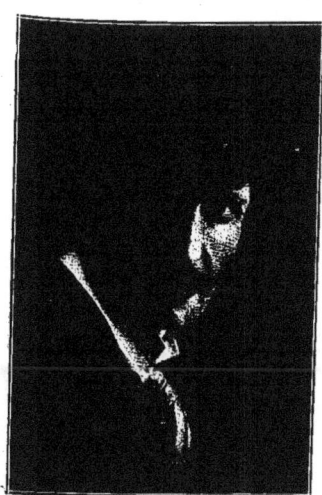

TIGRANE ESSAIAN (Photo Abel.)

Arts de Constantinople, où il est l'élève de l'Italien Valéri pour le dessin, et de Yervant Oskan pour la sculpture. Jeune encore, il est nommé professeur de dessin à l'Ecole centrale de Galata.

Tigrane Essaïan vient à Paris en 1896, attiré par le renom de Jean-Paul Laurens, dont il devient l'élève. Il suit les cours de notre école nationale des Beaux-Arts et, pendant quelque temps, fait spécialement de la gravure et médaille sous la direction de Ponscarme. Celui-ci lui écrivait, à la date du 14 novembre 1902 :

« Mon cher Essaïan,

« Je suis content d'avoir de vos nouvelles, car vous « êtes de ceux qu'on n'oublie pas. Je vous adresse « le certificat que vous me demandez et que j'ai « beaucoup de plaisir à vous délivrer, car vous le « méritez à tous égards.

« Je vous remercie infiniment de votre charmant « envoi. C'est superbe et je le conserverai précieuse- « ment comme mérite de l'œuvre et en souvenir de « vous.

« Mes bien sincères amitiés,

« Signé : Ponscarme. »

Tigrane Essaïan prend part à quelques expositions. Il donne un *Cimetière byzantin, Au seuil de Scutari, Rue de Constantinople*, à la seconde exposition du groupe d'art *L'Abbaye* (1908). A l'Hôtel des Ventes, en 1907, on vend de lui un *Paysage d'Orient*. En 1912, il participe à une Exposition internationale des Arts et Métiers féminins et expose un projet de médaille « dû aux mères », projet qui

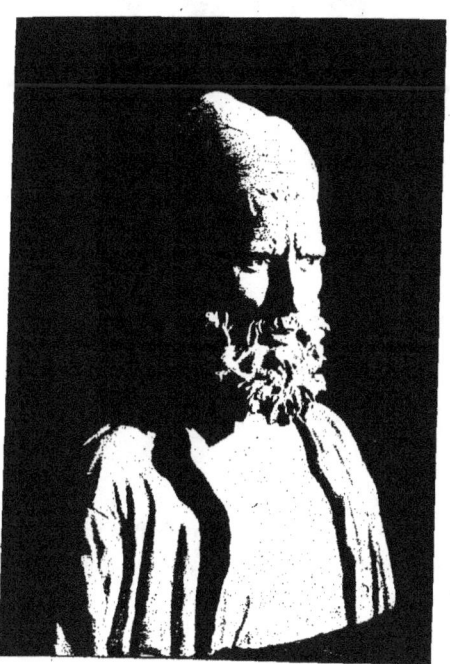

T. ESSAÏAN. — DERVICHE SYRIEN

est accepté. Tigrane Essaïan réussit très bien le portrait et traite de préférence des sujets orientaux.

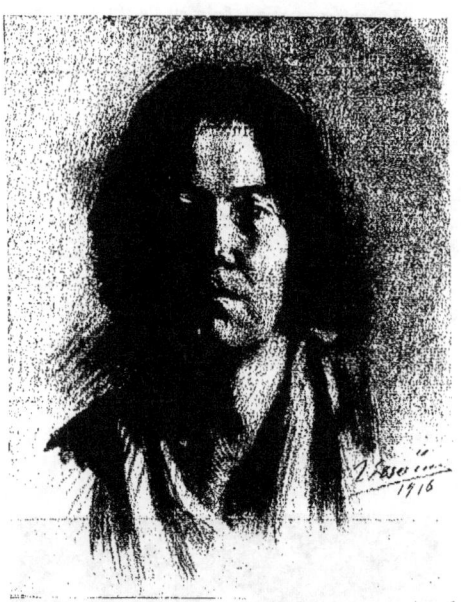

T. ESSAIAN. — ÉTUDE (EFFET DE LAMPE)

On a de lui un buste de derviche syrien (de Damas), particulièrement impressionnant.

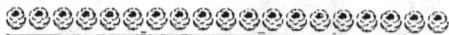

Edgar CHAHINE

✢ ✢

Peintre, graveur et aquafortiste de grand talent, Chahine naquit en 1874. Élève de Paoletti à Venise, Chahine passe ensuite par l'Académie Julian, où il ne fait pas un séjour prolongé. En réalité, il s'est formé seul, doué d'un rare esprit d'observation. S'il a beaucoup voyagé et visité diverses villes d'art, il se plaît à reconnaître qu'il ne peut produire qu'à Paris, la ville d'art par excellence.

Déjà, en 1905, Henri Beraldi écrivait (*Revue de l'art ancien et moderne,* numéro du 10 avril) : « Un jeune, et un jeune arrivé. Et arrivé déjà depuis des années, arrivé d'emblée; entré dans le succès à la quatrième vitesse.. Son maître, Paoletti, lui fait, entre autres exercices, copier en dessin, trait pour trait, des eaux-fortes de Tiepolo, en le contraignant même à les réduire, afin qu'il ne puisse pas calquer; et ainsi le maître aiguille le jeune élève sur une voie spéciale; il appose sur lui comme un cachet, qui semble définitif et sera la raison d'être de son futur succès : le *serré* et la *finesse*... »

Et si, à cette date de 1905, le travail de Chahine se chiffrait déjà par plus de deux cents pièces, le nombre s'en est, depuis lors, considérablement accru, et le talent perfectionné. Il est, depuis dix ans, sociétaire de la Nationale.

« L'art d'Edgar Chahine est puissant, sobre, émouvant, coloré. Le métier du graveur à l'eau-forte

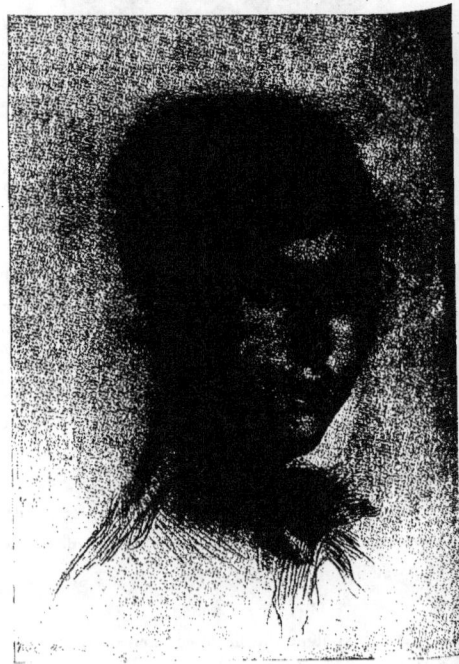

E. CHAHINE. — PORTRAIT DE FEMME

a été, pour lui, maintenu et augmenté. Il figure parmi ceux dont les noirs sont les plus profonds, les blancs les plus variés, les plus gradués, les plus chauds. Il est un des plus puissants évocateurs qui près ou loin d'un Lepère ou d'un Louis Legrand? peu importe! Il a sa grande originalité propre, qui se manifeste plus encore dans son style, dans ce mélange de vigueur et de félinité, cet accord de

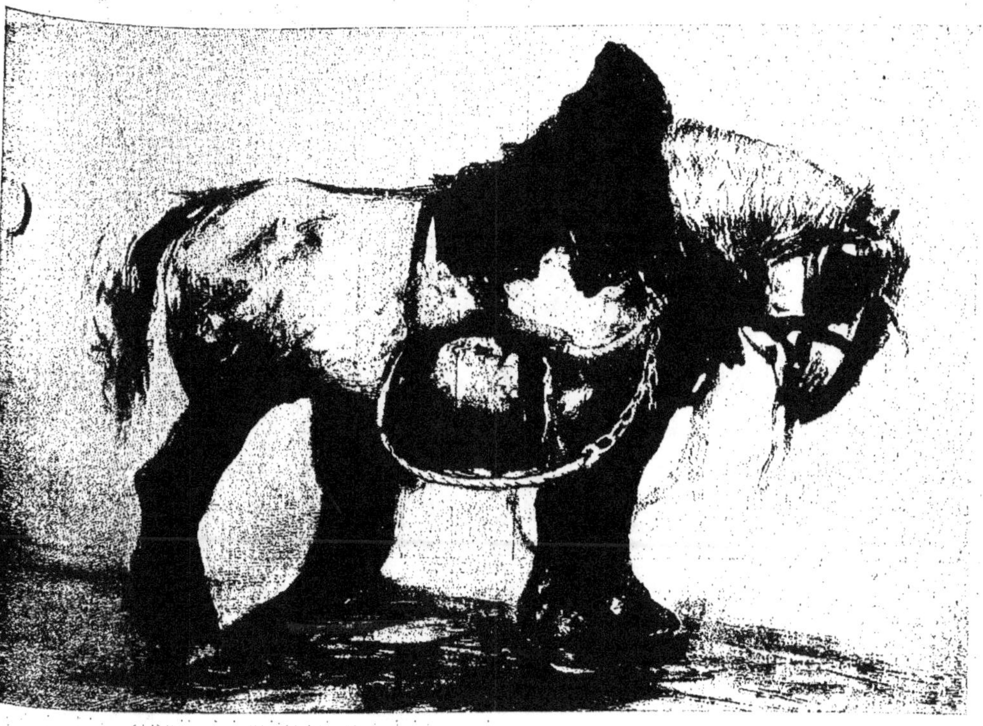

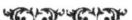

E. CHAHINE. — PERCHERON

oient, de la couleur, par la force du dessin, par les simples jeux du blanc et du noir; il a perfectionné art de la pointe-sèche. Il lui a donné des ombres ɔtenues par le trait lui-même et comme des reliefs iissants. Mais dans ses eaux-fortes et ses pointes-ches, quelle que soit la valeur d'un métier aussi ɔre et varié qu'il s'en puisse trouver, c'est surtout ɪr la qualité d'art, par son dessin qu'il s'impose contraint l'adhésion...

« Il est inutile de chercher à situer Edgar ɔahine parmi les autres grands graveurs. Est-il robustesse et de langueur, cette compréhension du décor universel et cette habileté à noter les particularités rares, par ces aspects mixtes d'indolence curieuse et de force rapide qui donnent à ses planches cette saveur si personnelle, et le classent parmi les artistes créateurs, maîtres absolus de leur métier et supérieurs à la supériorité de leur technique, la laissant oublier pour provoquer chez ceux qui regardent leurs œuvres, à travers l'émotion plastique, l'émotion idéologique » (Gustave Kahn, dans *L'Art et les artistes*, janvier 1913).

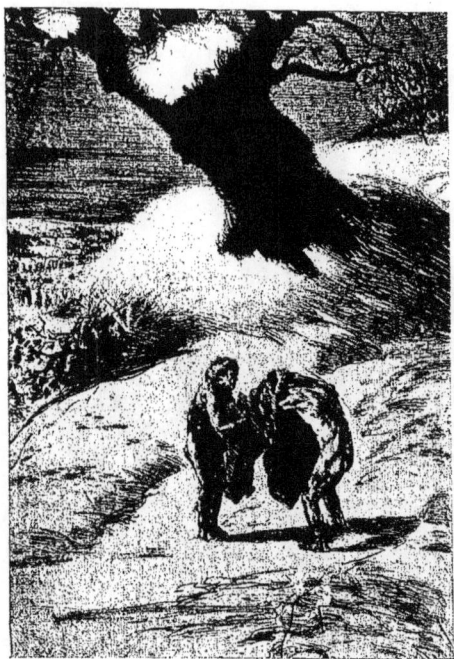

T. POLAT. — EXTRAIT DE « L'HUMAINE TRAGÉDIE » (P. 87).

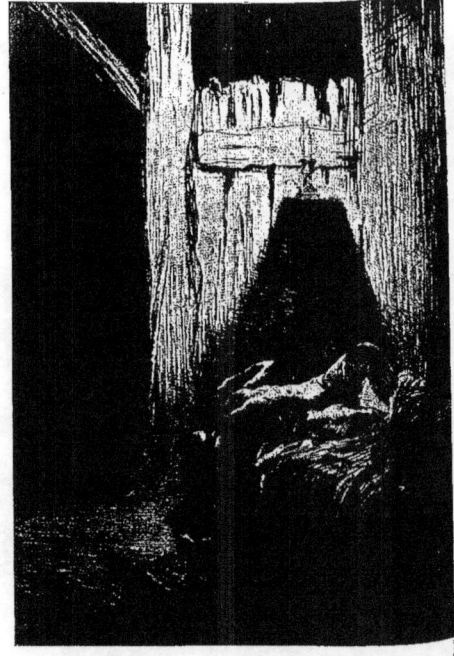

T. POLAT. — EXTRAIT DE « L'HUMAINE TRAGÉDIE » (P. 142).

Tigrane POLAT

* *

Tigrane Polat est né à Alexandrie (Egypte), en 1874. Il avait, dès son enfance, un goût très prononcé pour le dessin. Mais sa famille en avait décidé autrement, et il dut faire ses études de droit, qu'il poussa jusqu'au doctorat, sauf la soutenance de la thèse.

Une fois à Paris, l'ancien étudiant en droit peut suivre sa vraie vocation. Il se met à l'école de Benjamin Constant et de Jean-Paul Laurens. Puis il se rend en Italie pour se perfectionner et il en revient, professant un culte égal pour la tradition et pour la vie.

A part les premières années de son enfance, et quelques voyages, Tigrane Polat a passé presque toute son existence à Paris, et il se plaît à reconnaître qu'il doit sa formation à la France, qu'il admire et qu'il aime par-dessus tout.

Andréas TÊR-MAROUKIAN

Statuaire, né à Erivan, en 1875. Il travaille d'abord dans un atelier du gymnase de sa ville natale. On lui confiait les travaux soi-disant artistiques, que l'on exécutait alors au gymnase. Le jeune homme gravait sur bois toutes sortes de figures, dont les imprimeurs de l'endroit se servait comme de clichés.

A l'âge de 19 ans, Têr-Maroukian se rend à

Moscou, entre à l'Académie comme élève de dessin et, au bout de deux ans, se met à la peinture. Il fréquentait en même temps les ateliers de modelage. Il prend goût à la chose et exécute quelques copies d'antiques des musées de Moscou. Sa vocation se décide alors, et il se destine à la sculpture. Il quitte

des lauriers aux poètes et aux écrivains arméniens.

Le premier pas, le plus difficile, était fait. Le maître Falguière s'intéresse à son élève arménien, et dès lors, chaque année, le jeune sculpteur expose des œuvres, dont la plupart, relatives aux choses du Caucase et de l'Arménie, sont des commandes natio-

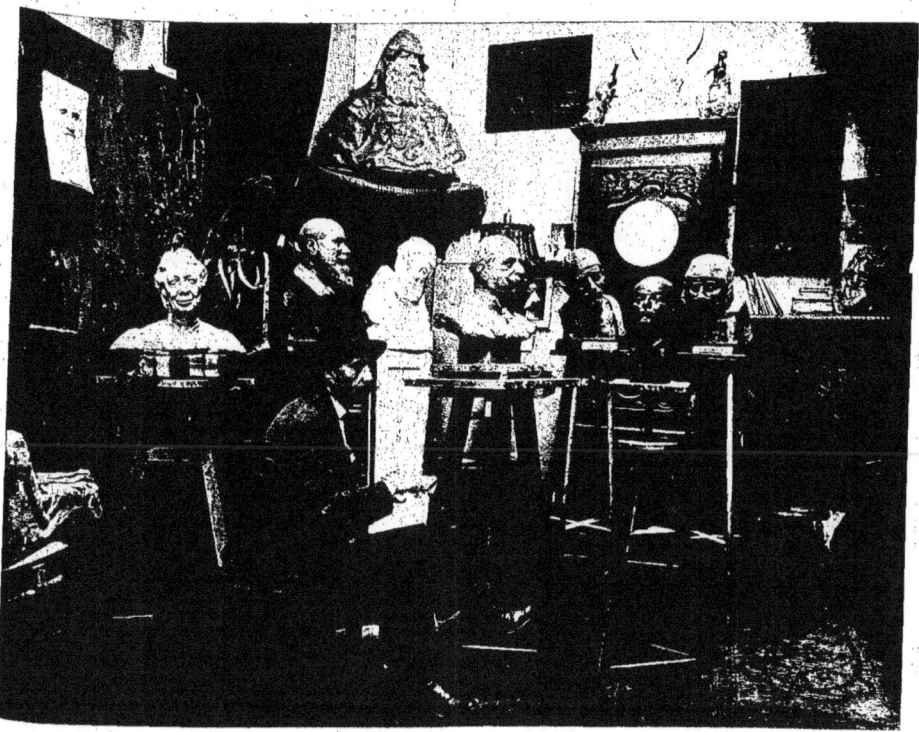

A. TÊR-MAROUKIAN DANS SON ATELIER

Moscou pour Pétrograd, où il espère trouver plus de modèles dignes de l'intéresser.

Mais ce n'était pas suffisant. Fasciné par l'attrait irrésistible de Paris, sans savoir un mot de français, il arrive à l'Ecole des Beaux-Arts et devient l'élève de Falguière. Têr-Maroukian travaille pendant quatre ans à l'atelier du maître et, au bout de sa troisième année, envoie au Salon des Artistes Français, en 1899, une œuvre intitulée *Muse présentant*

nales. Un des premiers monuments, érigé à Nakhitchevan, sur le Don, près de Rostov, est celui de Patkanian, le célèbre poète arménien patriote, connu sous le pseudonyme de Gamar-Katiba; puis, c'est le buste de Nalbandian, à Rostov, de Tahirian, à Erivan, d'Alichian (buste particulier). Têr-Maroukian expose ensuite, au Salon de 1906, le buste très remarqué de Mme Viardot et, au Salon de 1905, celui du catholicos Khrimian, qui fut acheté par la colonie arménienne de Paris et offert au monastère d'Etchmiadzin. La même année (1905), le Salon recevait le buste de l'acteur Adamian et, en 1909, celui, en marbre, de M. Jules Bénard.

En 1913, Têr-Maroukian envoyait de son atelier, au Salon, le buste en marbre de M. Doloukhanian et un fragment du monument Abovian. Celui-ci, une

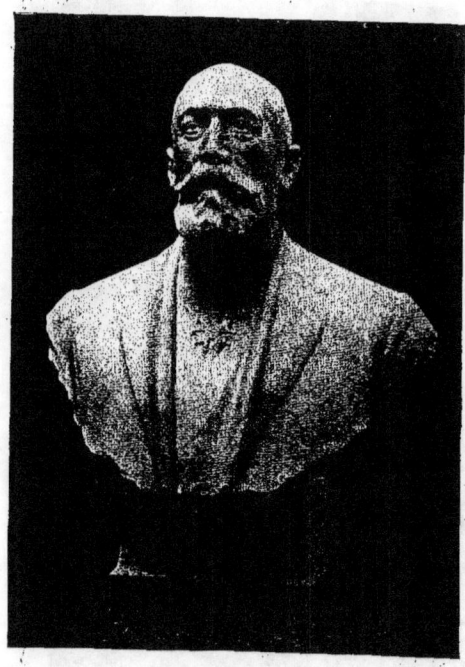

A. TÊR-MAROUKIAN. — BUSTE MARBRE DE M. BÉNARD

fois parachevé, devait être érigé, dès l'hiver 1913-1914, sur la place d'Erivan. Mais les choses n'allèrent pas au gré de l'artiste, et la statue d'Abovian, père de la littérature arménienne du Caucase, attend des jours meilleurs pour gagner l'endroit qui lui est réservé.

Les événements tragiques que nous traversons ont inspiré à Têr-Maroukian une jolie maquette représentant l'Arménie sous le profil d'une jeune Arménienne, et deux bustes de paysans arméniens,

empreints d'un réalisme frappant. (Pour plus de détails, voir F. MACLER, *Arménie, Montbéliard, Wurtemberg*, Paris, 1913).

Extraits de la presse. — « Voici le buste puissant du tragédien arménien Adamian, par M. Maroukian... » (*Actualité diplomatique*, 1er juin 1905). — « ... la statue plâtre et le buste si original de M. Têr Maroukian » (*Courrier du soir*, 9 mai 1905). — « M. Têr Maroukian, qui a reproduit, non sans force, les traits d'un Catholicos arménien » (*Petite Gironde*, 1er juin 1905). — « Des têtes expressives de vieillards, par MM. Castex et Têr Maroukian » (*Les Salons*, 1906). — « Portrait de Mme Paulin-Viardot, buste plâtre de Têr Maroukian, d'une grande ressemblance, d'une très heureuse expression, d'un dessin correct, et de belles proportions » (*Union artistique*, 17 février 1906). — « ... M. Jules Bénard, par M. Têr Maroukian, exécuté avec une sincérité qui fait honneur à son talent » (*Magasin pittoresque*, juin 1909). — « D'autres encore, soit autour du rond-point central, soit dans les allées de côté, vous retiendront... c'est M. Jules Bénard, régent de la Banque de France, par Têr Maroukian » (*Le Temps*, 1er mai 1909). — « Mais le statuaire n'est pas seulement un sujet russe. Il est avant tout, un enfant de l'Arménie, et il ne pouvait oublier, lui qui jouit des bienfaits du gouvernement russe en Arménie, que ses frères de Turquie souffrent et meurent sous la férule cruelle du Turc. Il traduit à sa façon les sentiments de commisération qu'il éprouve pour les victimes et les martyrs de ce que l'on est convenu de dénommer le gouvernement jeune-turc, et de ses doigts d'artiste viennent de sortir deux bustes d'un réalisme impressionnant. On sent, à les regarder de près, avec quelle habileté il a rendu la souffrance d'un peuple, avec quel art il a gravé dans le front de ce paysan arménien, dans les yeux de cette pauvre vieille, toutes les douleurs accumulées, toutes les atrocités commises, toute l'horreur d'un passé de sang que nous révélèrent naguère les pages fraîchement écrites du long et séculaire martyrologe arménien » (*Foi et Vie*, 1er-16 août 1916, N°s 14-15).

Ohannès ALHAZIAN

Artiste peintre, né à Van, en 1880, où il vécut jusqu'à l'âge de seize ans. Il commence ses études artistiques à Tiflis. Attiré par la réputation d'art de la France, il vint à Paris, et se fit l'élève assidu de Cormon à l'Ecole nationale des Beaux-Arts.

S'il réussit très bien le portrait, Alhazian s'est

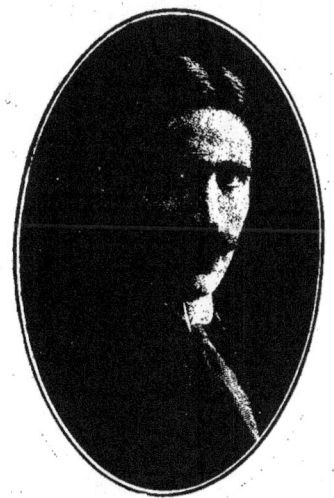

OHANNÈS ALHAZIAN   Photo Abel.

spécialisé dans le paysage. Il a beaucoup travaillé en Finlande, pays qui l'attire tout particulièrement. Il en rapportait *Les lacs de Finlande* (Salon 1912), *L'hiver en Finlande* (1914). Il visitait également la Hollande et en rapportait : *Les barques des pêcheurs en Hollande* (Salon 1913). Il ne négligeait pas de parcourir la France et donnait successivement : *L'Eglise de Saint-Père* (Yonne), et *Détails*, de la même église.

Extraits de la presse. — « Alhazian nous livre un *Paysage de Finlande*, vivante image de cette contrée, au dire de qui l'a visitée » (*Express de Lyon*, 23 avril 1912). — « Dans la même salle, on remarquera les paysages nourris et colorés de Alhazian » (*Paris-Journal*, 20 avril 1911). — « Les paysages de Le Liepvre... Alhazian (pourtour), font passer par les sensations les plus variées : note brillante, note simple et dépouillée, finesse, charme rêveur » (*Paris-Sport*, 30 septembre 1911). — « M. Alhazian connaîtra un succès mérité avec sa *Nuit blanche en Finlande*, d'un sentiment si profond et d'un ton si juste » (*Petit Parisien*, 23 avril 1911). — « Ohannès Alhazian, chantre des terribles et splendides neiges de Finlande » (*Nu au Salon*), 1911. — « Du côté paysage, il nous faut citer *Soleil d'hiver*, toile ornée d'un curieux éclairage par M. Alhazian Ohannès » (*Journal des Arts*, 12 juin 1911). — « Il y a ici des peintres finlandais..., et un peintre arménien de la Finlande, M. Alhazian, dont les toiles sont de nature à provoquer de fructueuses réflexions techniques » (*Gazette des BeauxArts*, mai 1912). — « ..., devant l'*Hiver en Finlande* et la *Dernière neige sous bois*, œuvres consciencieuses, étudiées et moelleuses d'Alhazian » (*Le Temps*, 23 mars 1912). — « M. Ohannès Alhazian a tenté la description d'un *Paysage de Finlande;* l'effort est honorable » (*Argus-Salons*, 1914). — « Mais un coin de pays enveloppé d'un merveilleux soleil et tout plein d'air passant, nous ramène vers les notes du dehors avec cette joie que l'on éprouve à prendre contact avec le grand air. Cette impression, nous la devons au peintre Alhazian qui, avec une grande sobriété de procédé, trouve pourtant le moyen d'émouvoir, et qui le prouve avec cette étude *Soleil du soir en Finlande* » (*Le Populaire*, 2 mars 1914).

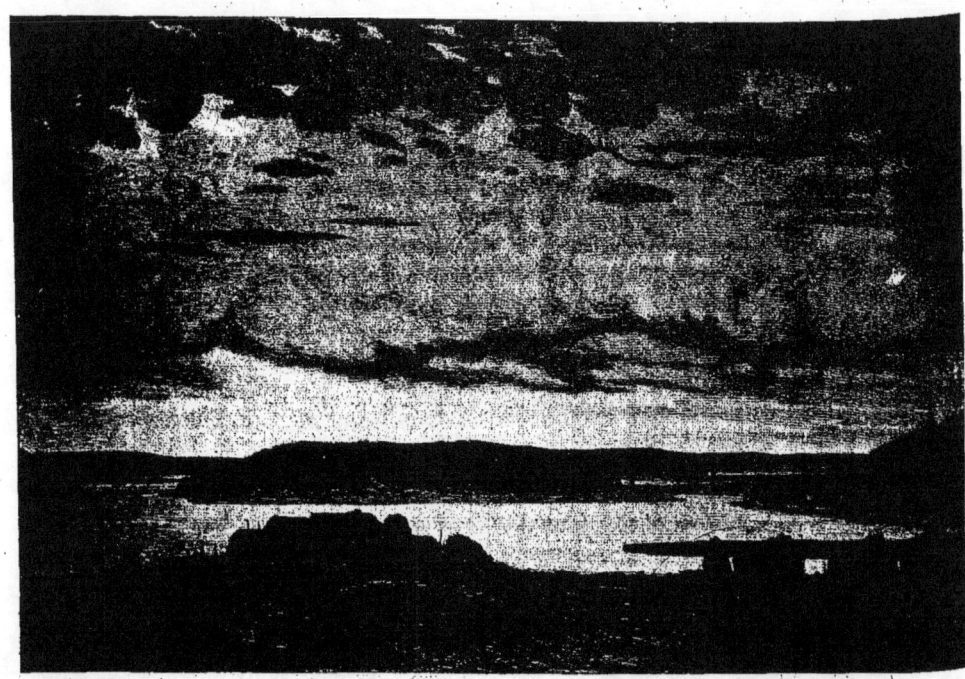

ALHAZIAN. — LES LACS DE FINLANDE

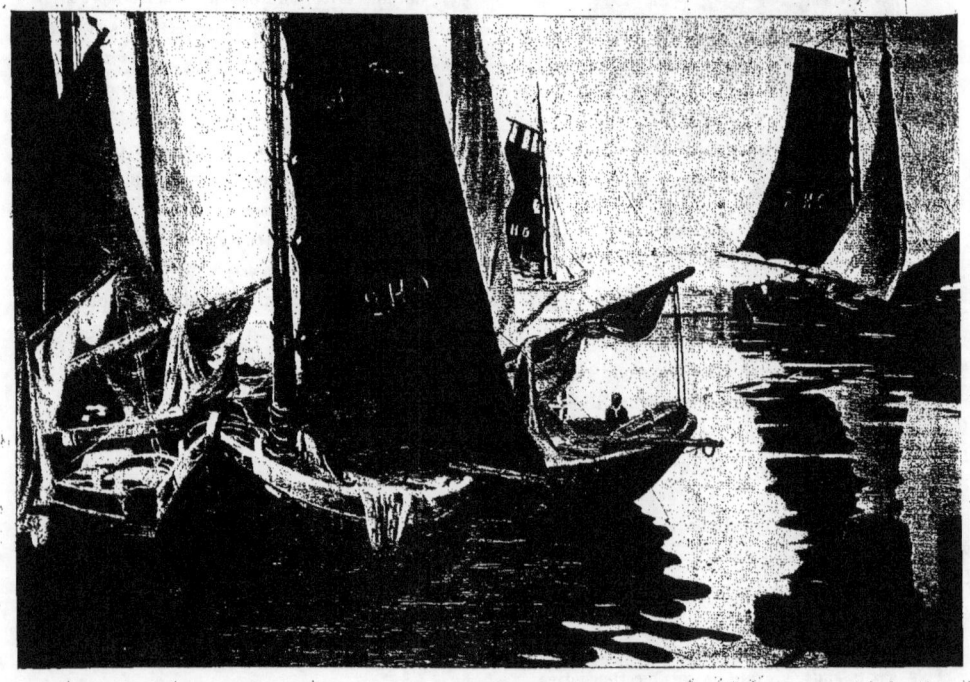

ALHAZIAN. — LES BARQUES DES PÊCHEURS (HOLLANDE)

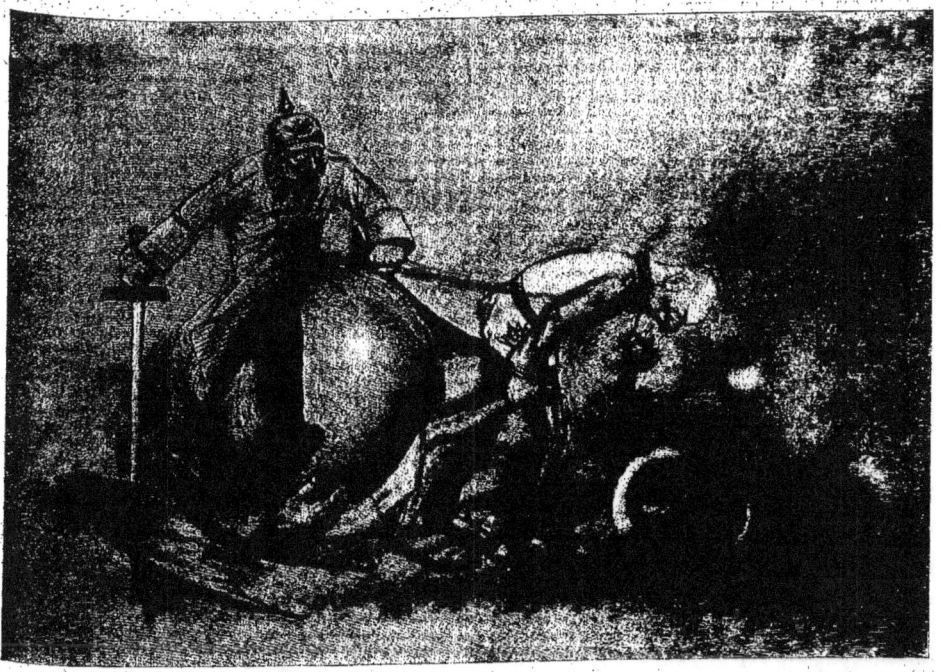

A. MINASSIAN. — VERTIGE

Abel MINASSIAN

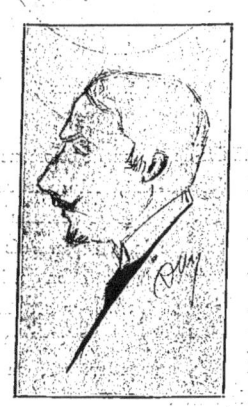

CARICATURE DE M. MINASSIAN
DESSINÉE PAR LUI-MÊME

Artiste dessinateur, né à Constantinople en 1880, Abel Minassian appartient à une famille d'artistes. Son grand-père était un architecte-dessinateur célèbre dans la capitale de l'Empire ottoman. Ce sont ses encouragements et ceux de sa mère, qui formèrent l'âme artistique de Minassian.

Il fit ses études à l'école Berbérian à Scutari. Lecteur assidu de nos revues illustrées et de nos publications d'art, le jeune Minassian se forma pour ainsi dire seul. En 1894, à l'âge de treize ans, l'apprenti artiste faisait un portrait à l'huile d'un « suisse d'église », dont il avait vu le dessin dans l'*Illustration*.

Par suite de revers de fortune, sa mère vend tous ses bijoux pour permettre à son fils de venir achever ses études en Europe. Il arrive à Paris en 1900, et se met courageusement à l'œuvre. Il a très peu exposé, fuyant la réclame, et se consacrant presque exclusivement au dessin. Il suffit de jeter les regards sur un fragment intitulé : *Femme aux panthères,* pour juger de la finesse de son crayon.

Hrand ALYANAK

M. Hrand Alyanak naquit à Constantinople en 1880. Il étudie la peinture, à l'Ecole impériale des Beaux-Arts de Constantinople, sous la direction de l'Italien Valeri, le peintre officiel du sultan.

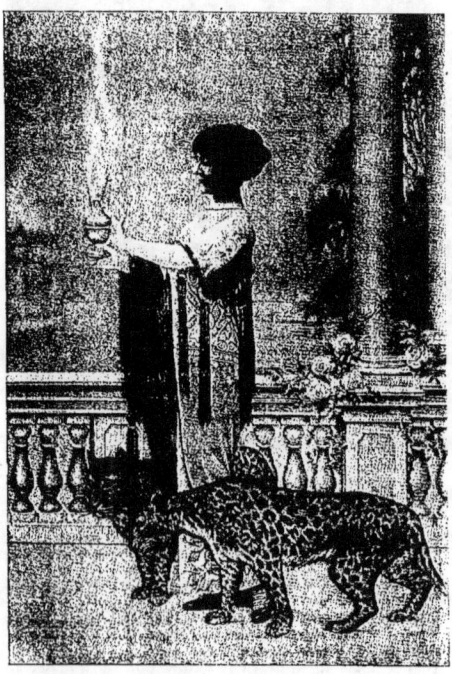

A. MINASSIAN. — FEMME AUX PANTHÈRES

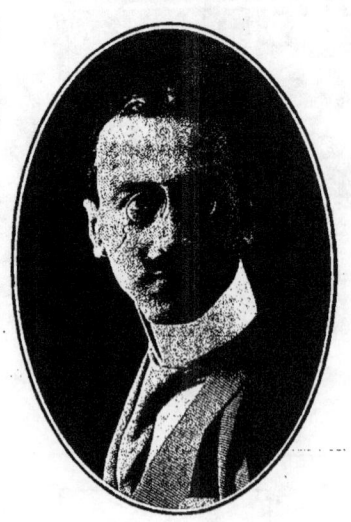

HRAND J. ALYANAK

Minassian n'est l'élève de personne, il s'est formé seul et a un genre bien à lui. Il est doué d'un esprit humoristique qu'il convient de relever. Il se souvient qu'un jour il lut une fable où les rats volaient les œufs de la façon suivante : un rat se mettait sur le dos et tenait l'œuf volé dans ses pattes, tandis que d'autres rats le tiraient par la queue et emmenaient de la sorte leur butin dans leur repère. On retrouvera l'inspiration de cet apologue dans une caricature d'actualité, intitulée : *Vertige.* Tout commentaire serait superflu.

Après l'affaire de la Banque ottomane et des massacres qui s'ensuivirent, Alyanak se réfugie à Varna, Bulgarie. Il y passe deux ans, s'occupant plus de politique que de peinture. Puis il se rend à Tiflis, pour y trouver la protection qui lui permettra de venir achever son instruction artistique à Paris. Déçu dans cet espoir, Alyanak passe cinq ans à Bakou et à Tiflis, gagnant son pain en faisant de la peinture décorative.

Enfin, le jeune artiste va réaliser son rêve; il s'embarque à Batoum à destination de Marseille, et arrive à Paris, en 1905. Sans recourir à aucun maître, il travaille seul, exécutant des copies dans les musées du Louvre et du Luxembourg, et étudiant la nature en plein air, lorsque la saison est propice.

Alyanak expose aux Indépendants et consacre une partie de son activité à faire connaître l'art français dans les revues et les quotidiens arméniens : *Azatamart, Haïrénik, Chanth, Sokhak, Nawasard,* etc. Il

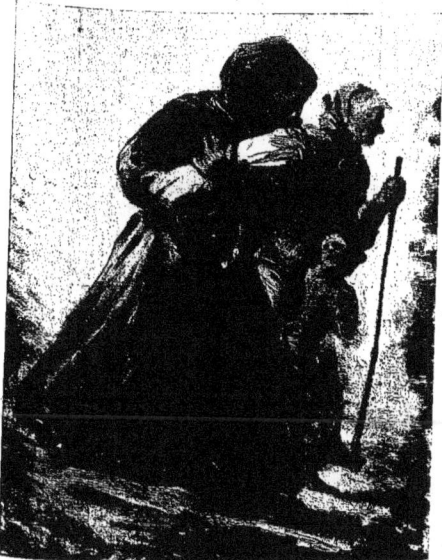

H. ALYANAK. — « LA FUITE » (MASSACRES D'ARMÉNIE)
Fragment d'esquisse.

a produit un certain nombre d'esquisses, parmi lesquelles on citera : *Le lait de la vengeance, La lettre du pays, L'Honneur du Foyer, L'Arménienne à la fontaine,* peintures à l'huile; *Le Chêne séculaire* inspiré par une nouvelle tragique d'Aharonian.

Alyanak a consacré, depuis douze ans, une grande partie de son activité artistique à faire connaître à son peuple l'art français et à lui inculquer des principes justes sur les beaux arts. C'est ainsi qu'il donnait dans le *Mourtch*, revue paraissant jadis à Tiflis, sous la direction d'Aharonian, une « Histoire des Beaux-Arts », restée inachevée. Dans les suppléments littéraires du quotidien *Azatamart,* de Constantinople, le jeune maître publiait une série d'articles sur l'œuvre de Rodin. Celui-ci, malgré son ignorance de l'arménien, manifesta le désir de posséder les numéros du journal, qui lui étaient consacrés. Il fut très touché des sentiments que le peuple arménien lui témoigna. Enfin, Alyanak a fait connaître aux Arméniens les grands maîtres du XVIIIe siècle, et la plupart des modernes.

Extraits de la presse. — « ..., de M. Alyanak, un nocturne, d'un effet tout poétique : *Le pont de Constantinople au clair de lune* » (*Revue des Beaux-Arts,* 12 avril 1914). — « M. Hrand Alyanak sait faire

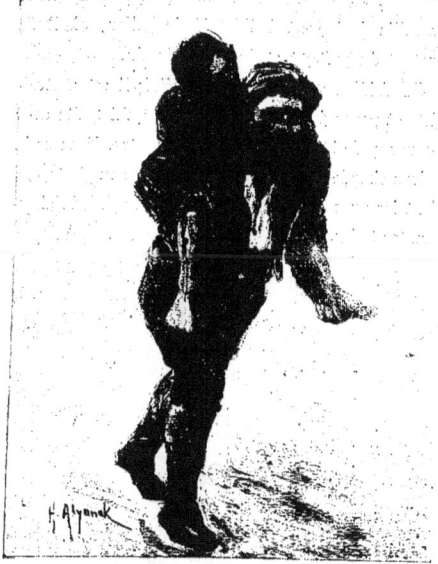

H. ALYANAK. — « LA FUITE » (MASSACRES D'ARMÉNIE)
Fragment d'esquisse.

vivre, avec beaucoup de justesse et de vérité, l'âme qui anime les paysages qu'il traduit; il sait en dégager le caractère, les traits dominants de leur particulière beauté. Il a de réelles qualités de coloriste; il possède une palette riche et souple, chaude et sonore; ses œuvres, d'une notation preste et bien en valeur, dégagent un grand charme » (*La Revue moderne des idées, des faits...*, numéro du 10 juillet 1913, p. 14).

M. Hrand J. Alyanak est membre fondateur du « Nouveau Salon ».

Diran GARABEDIAN

Artiste peintre, né au Caire (Egypte), en 1882. Vient à Paris en 1900 et devient l'élève de Benjamin Constant et de Jean-Paul Laurens; il suit l'enseignement de ce dernier maître jusqu'en 1905. Il travailla également à l'Académie Julian, où il fit surtout du portrait et du nu en dessin.

Garabédian ne s'est pas spécialisé; il est portraitiste et paysagiste, en même temps qu'il traite avec beaucoup de bonheur les natures mortes. Il passe la saison chaude en France, de préférence en Bretagne, dont les vues mélancoliques lui ont inspiré de charmantes toiles.

A l'approche de l'hiver, Garabédian gagne sa chère Egypte, dont les couchers de soleil, les hori-

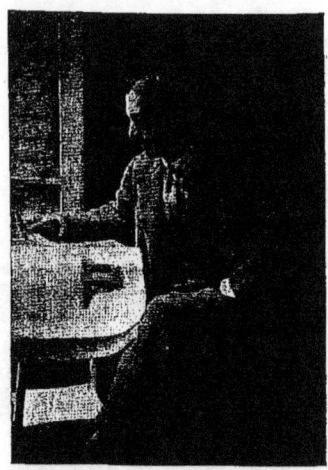

D. GARABEDIAN

zons infinis, les plaines sablonneuses l'enchantent toujours à nouveau; il se complaît dans les cimetières

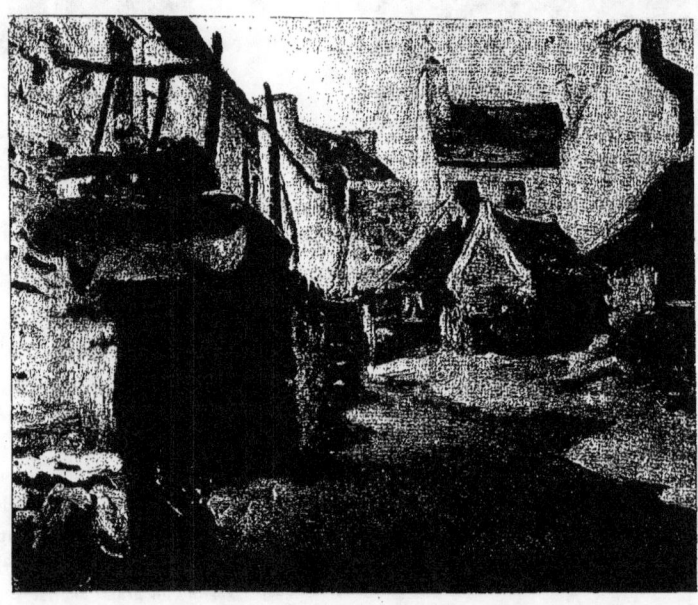

D. GARABEDIAN. — PAYSAGE DE BRETAGNE

arabes, où il y a sans cesse un coin pittoresque à croquer, et de ses promenades artistiques dans les vastes nécropoles musulmanes, sont déjà sorties de ravissantes peintures.

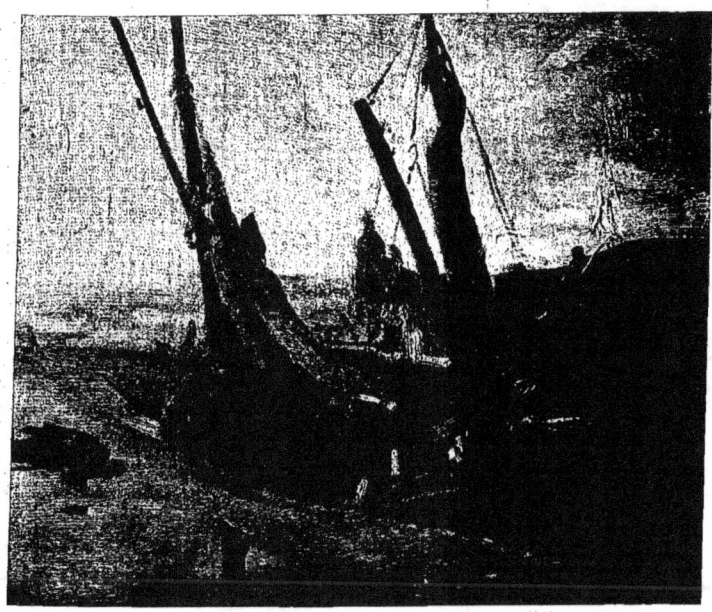

D. GARABEDIAN. — CONCARNEAU (MARÉE BASSE)

Raphael CHICHMANIAN

Artiste peintre et dessinateur, né à Lidjq, près d'Eghine, en 1885. Il fit ses études secondaires à l'Ecole Centrale de Galata, Constantinople, dont il fut un des élèves les plus distingués : il était toujours le premier de sa classe. Il passe, devant le patriarcat arménien de Constantinople, un examen pour concourir au legs du chevalier Tchount et remporte le prix. Cette fondation accordait à l'heureux lauréat une bourse de voyage de 2.000 francs par an pendant cinq ans, pour venir se perfectionner en Europe.

Chichmanian ne voit en Europe qu'une seule ville, Paris, et il s'y rend sans tarder. Il étudie à l'Ecole des Beaux-Arts, à l'Académie Julian et à l'Ecole nationale des Arts décoratifs. Il obtient, dans ce dernier établissement, en 1911, une première médaille de perspective.

S'il fait avant tout du portrait et du paysage, Chichmanian s'est aussi spécialisé dans l'art décoratif, partant de ce point de vue qu'en Orient, il y a beaucoup de choses à étudier pour le développement de l'art; c'est pour lui un devoir national de faire revivre et de perfectionner la décoration arménienne, dont on a de précieux vestiges dans les frises sculptées, dans les miniatures de manuscrit et, en tant qu'art graphique, dans les *khatchqar* (stèles arméniennes) qui révèlent une véritable broderie sur pierre. Pour Chichmanian, la décoration est une branche aussi importante que les autres branches de l'art et, suivant l'exemple de Léonard de Vinci, d'Albert Dürer et d'autres, il n'aspire qu'à s'ins-

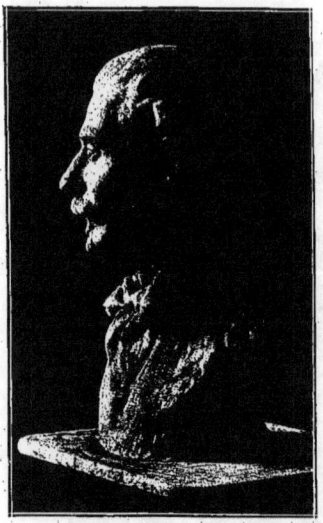

R. CHICHMANIAN (BUSTE EXÉCUTÉ PAR CH. ATAMIAN)

pirer de ces maîtres, pour donner à son tour une œuvre personnelle dans l'art décoratif arménien.

Extraits de la presse. — « Je me souviens de bonnes ébauches de Berlioz et de Chichmanian »

(*Paris-Journal,* 26 septembre 1912). — Nombreux articles et comptes rendus dans la presse arménienne.

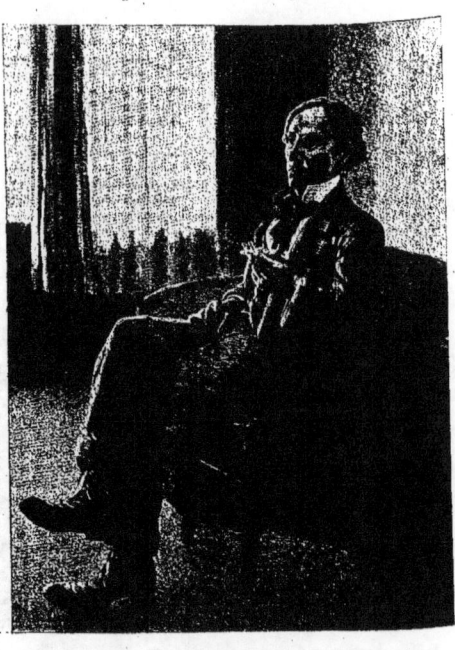

R. CHICHMANIAN. — PORTRAIT DE M. K. PARSEGHIAN
(Peinture à l'huile)

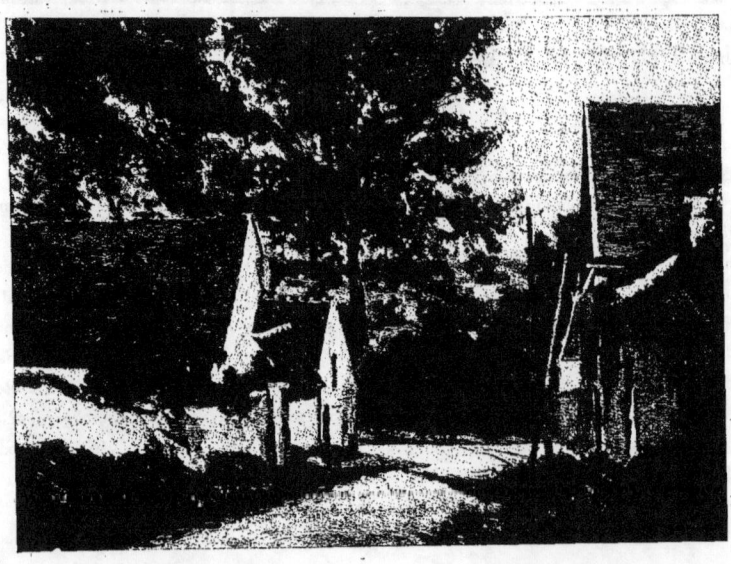

R. CHICHMANIAN. — COIN DE VILLAGE PRÈS DE LAGNY-SUR-MARNE

Jean ERITZIANE

M. Eritziane naquit à Smyrne en 1887. Il reçut le prénom de Chnorq et signa plusieurs de ses œuvres : Chnorq Eritziane. Mais ce prénom, aux yeux des ignorants, sonnait allemand; on le lui fit

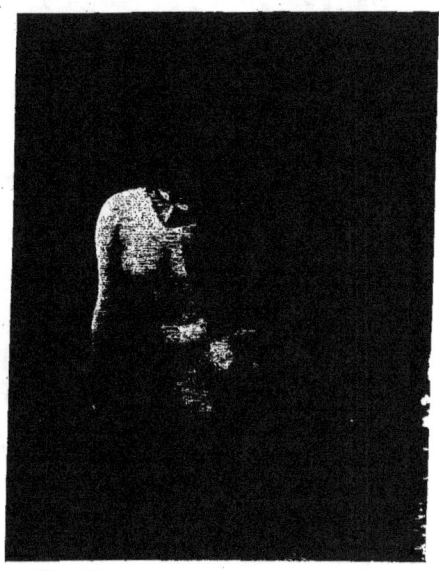

J. ERITZIANE. — CAPTIVE (PEINTURE A L'HUILE)

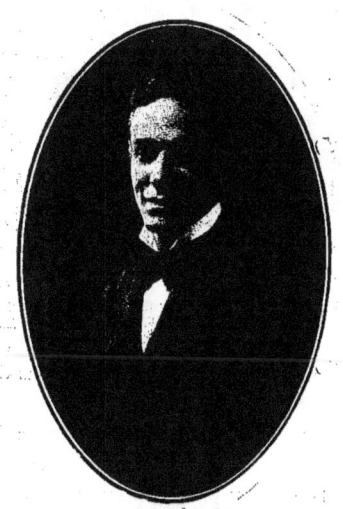

JEAN ERITZIANE

désagréablement sentir. Le glorieux blessé de la Marne décida de quitter ce prénom et adopta celui de Jean.

Jean Eritziane, portraitiste, fit ses études à Moscou, puis à l'Ecole des Beaux-Arts de Paris. Mais il sentait le besoin de se spécialiser, et il passa successivement un an dans l'atelier du maître Bonnat, et un dans celui du maître Cormon.

Jeune encore, Eritziane a déjà un bagage artistique fort respectable. Il n'a exposé qu'une seule fois, à la Nationale, un Nu qui fut remarqué.

La guerre éclate en août 1914 et Eritziane, tout vibrant pour sa patrie adoptive, n'hésite pas à s'engager. Il quitte son atelier et ses modèles, son repos et peut-être son avenir, et fait la campagne de la Marne. Cruellement blessé, il échappe comme par miracle, à la mort, et se remet peu à peu de ses blessures. Les forces reviennent lentement; mais elles reviennent, et c'est l'essentiel. Le jeune maître a repris le pinceau et depuis six mois a produit différents tableaux dans l'esprit du XVIIIe siècle, avec le coloris moderne. Il s'applique avant tout, à rendre exactement les jeux de lumière et semble être sur une voie qui lui assurera le plus légitime succès. Il recherche surtout à reproduire les nus à contre-jour et à traduire fidèlement les reflets.

Eritziane est, notamment, auteur d'un portrait de M. Martin, inventeur de la mitrailleuse française, portrait acquis par l'Etat (1916). — « Une glorieuse composition du peintre Eritziane accompagne superbement le beau poème récité par la Comédie-Française et chantée par l'Opéra, dans le courant de l'hiver dernier, au Trocadéro » (Laurent Tailhade, L'Œuvre, 18 mars 1917).

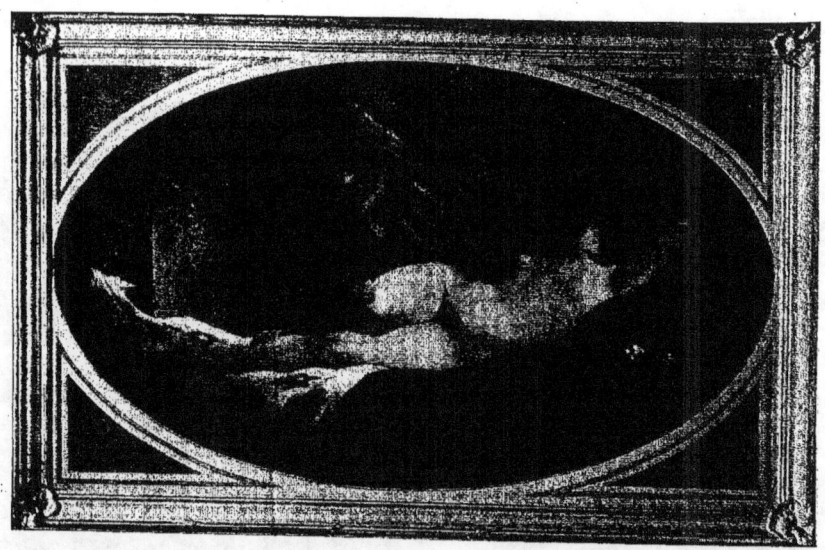

J. ERITZIANE. — L'AMOUR ET PSYCHÉ (PEINTURE A L'HUILE)

H. Héran CHABANIAN

C'est un jeune, un tout jeune, le Benjamin des artistes arméniens de Paris. Né à Erzeroum, en 1888, il habite Paris dès l'âge de six ans, et y reçoit toute son éducation et son instruction artistique.

Son père, Arsène Chabanian, le destinait à l'architecture. Et le fils, obéissant, en fait quelque temps à l'Ecole des Beaux-Arts. Mais ce n'était pas sa vocation; il préfère la peinture et se met à l'école de Cormon.

Impressionniste, le jeune Chabanian fait surtout du paysage et expose, depuis 1911, au Salon des Artistes français. S'il aime à croquer des coins de Paris, il ne répugne pas aux voyages et il parcourt successivement la Hollande, la Belgique où Bruges le retient sous son charme, les côtes de la France, Manche et Atlantique, voire notre Midi.

Heran Chabanian réussit également le portrait, et plusieurs de ses œuvres ont été éditées chez Georges Petit et chez Devambez.

Extraits de la presse. — « Un langoureux et sourd

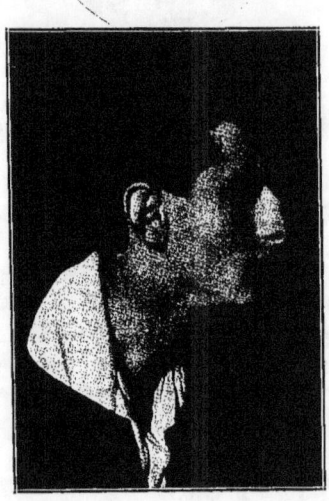

HÉRAN CHABANIAN

Crépuscule au Tréport de M. Héran Chabanian » (*Journal des Artistes,* 25 octobre 1908). — « Quoique encore hésitante sur le chemin à suivre, la personnalité de M. Héran Chabanian promet pour l'avenir : son *Crépuscule au Tréport* est sans contredit supérieur à ses essais au vernis mou » (*Journal des Arts,* 24 octobre 1908). — « Tel père, tel fils, dit le proverbe. On retrouve, en effet, chez M. H. Chabanian, les ciels souples et doux de son père et sa façon si réussie et si particulière d'exprimer le clapotis ou le bouleversement du flot » (*Journal des Arts,* 23 octobre 1909). — « M. Héran Chabanian se plaît aux marines et y excelle » (*Charivari,* 13 nov. 1910). — « *Le Quai à Boulogne-sur-Mer* est celui des trois envois de M. Héran Chabanian qui paraît remporter le plus de suffrages » (*Journal des arts,* 9 novembre 1910). — « Au hasard de la rencontre, voici deux bonnes planches de M. Héran Chabanian, *Soir d'orage au Tréport* et *Sur les quais à Boulogne-sur-Mer* » (*Journal des arts,* 24 juin 1911). — « M. Héran Chabanian... donne une eau-forte en couleurs : *Sur les quais à Boulogne-sur-Mer* (*temps gris*), bien mouillée et, pour nous qui sommes très habitué à ce site, puisque l'artiste est venu se placer précisément sous les fenêtres de la maison de famille que nous habitons lorsque nous allons à Boulogne, elle représente avec un grand sens des effets d'une atmosphère souvent assombrie, un horizon brumeux familier à nos yeux » (*Courrier du Pas-de-Calais,* 7 juillet 1911).

HERAN CHABANIAN. — LA FEMME AUX GUICHES (PEINTURE)

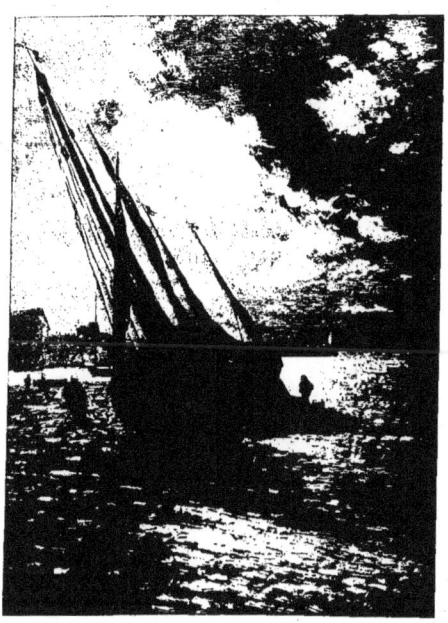

HERAN CHABANIAN. — SOIR D'ORAGE AU TREPORT

www.ingramcontent.com/pod-product-compliance
Lightning Source LLC
Chambersburg PA
CBHW070211230526
45471CB00002B/914